# MULTIPLE O LEVEL

# MATHS

by
J. A. Campbell

CELTIC REVISION AIDS

## CELTIC REVISION AIDS
Lincoln Way, Windmill Road,
Sunbury on Thames, Middlesex.

© C.E.S. Ltd.

First published in this edition 1979

ISBN 017 751179 6

All rights reserved

Printed in Hong Kong

# CONTENTS

| | Page |
|---|---|
| ARITHMETIC AND MENSURATION | 1 |
| ALGEBRA | 20 |
| GEOMETRY | 45 |
| TRIGONOMETRY | 71 |
| CALCULUS | 83 |
| STATISTICS | 90 |
| MODERN MATHEMATICS | 99 |
| TEST PAPERS | 116 |
| ANSWERS | 142 |

At the end of the book are eight Test Papers of twenty questions each. It is suggested that maximum benefit will be obtained from these Papers if they are worked under examination conditions, allowing 45 minutes for each.

# MULTIPLE CHOICE QUESTIONS

Multiple-choice questions consist of short problems or statements to be completed. Alternative answers are given, only one of which is correct. The method of indicating the correct answer varies and you should read the instructions very carefully.

Multiple-choice questions often look disarmingly easy. Do not fall into the temptation of racing through your answers without sufficient thought. Usually only short calculations are required, but it is advisable to check your calculations, as you cannot be certain that because you have arrived at one of the alternative answers, it is necessarily the correct one. The wrong alternatives are answers which are likely to be reached if a common mistake is made. If, therefore, one of these wrong alternatives is obtained, it is advisable to check your working and ensure that the same mistake is not made in future.

**Example**

If $x=5$, evaluate $3x^{-2}$

**A** $-\dfrac{3}{75}$  **B** $-\dfrac{1}{75}$  **C** $\dfrac{1}{75}$  **D** $\dfrac{3}{25}$

**Method of Working**

$$3x^{-2} = \dfrac{3}{x^2}$$

Hence, when $x=5$, $3x^{-2} = \dfrac{3}{25}$

The correct answer is **D**.

It is not uncommon for students to interpret $3x^{-2}$ as equal to $\dfrac{1}{3x^2}$. This error would equate the function to $\dfrac{1}{75}$ (alternative **C**).

On occasions students write $3x^{-2}$ as equal to either $\dfrac{-3}{x^2}$ or $\dfrac{-1}{3x^2}$. The errors would reach alternative **A** or **B**.

Accuracy is very important since no credit whatever can be given to a wrong answer.

## ARITHMETIC AND MENSURATION

1. Correct to two significant figures, the number 14·871 is
   A  14   B  14·87   C  14·9   D  14·80
   E  15 ✓

2. Write the number 15·264 correct to two places of decimals.
   A  15   B  15·26 ✓   C  15·27   D  16
   E  15·20

3. Write the number 0·164 correct to one significant figure.
   A  0·1   B  0·16   C  0·2 ✓   D  0
   E  2·0

4. Write the number 2846 correct to three significant figures.
   A  2840   B  2845   C  2850 ✓   D  2900

5. Correct to two places of decimals, the number 12·847 is
   A  12·8   B  12·84   C  12·85 ✓   D  13

6. Correct to one place of decimals, the number 12·847 is
   A  12·8 ✓   B  12·85   C  12·9   D  13

7. If each number is given correct to one significant figure, what is the maximum value of $7+5$?
   A  11   B  12 ✓   C  12·5   D  13

8. If each number is correct to one significant figure, what is the smallest possible value of $7-5$?
   A  1   B  2 ✓   C  2·5   D  3

9. If each number is given correct to one decimal place, what is the maximum value of $10·3 - 6·1$?
   A  4·1   B  4·2 ✓   C  4·3   D  4·4
   E  4·5

**10** $\frac{1}{10} + \frac{2}{100} + \frac{3}{10} =$

    **A** 0·123    **B** 0·213    **C** 0·24 ✓    **D** 0·42

    **E** 0·6

**11** $\frac{3}{10} - \frac{8}{100} =$

    **A** 0·22    **B** 0·5    **C** 0·77    **D** 0·83 ✓

    **E** −0·5

**12** $(0·12)^2 =$

    **A** 0·0144    **B** 0·144 ✓    **C** 0·24    **D** 1·44

**13** $\sqrt{(16900)} =$

    **A** 41·1    **B** 130    **C** 411 ✓    **D** 1300

**14** $\sqrt{(·04)} =$

    **A** 0·002 ✓    **B** 0·02    **C** 0·2    **D** 1·6

**15** $4^3 =$

    **A** 12    **B** 16    **C** 64 ✓    **D** 81

**16** $2^3 \times 3^2 =$

    **A** 17    **B** 36    **C** 72 ✓    **D** 7776

**17** $(3^2)^3 =$

    **A** 18    **B** 243 ✓    **C** 729    **D** 6561

**18** $(4^2)^{1/2} =$

    **A** 4    **B** 8 ✓    **C** 10    **D** 32

    **E** 64

**19** $2^{5/2} \times 2^{3/2} =$

    **A** 0·5    **B** 2    **C** 8    **D** 16

    **E** $2^{15/4}$ ✓

**20** $5^3 \times 5^{-1} =$

    **A** $-625$      **B** $-25$      **C** $25$      **D** $625$

**21** $8^0 \times 5^0 =$

    **A** $0$      **B** $1$      **C** $40$      **D** $4000$

**22** Which of the following do not have an exact square root?

    (i) $625$      (ii) $2\cdot25$      (iii) $3\cdot5$      (iv) $250$

    **A** (i) & (iii)      **B** (ii) & (iii)      **C** (i) & (iv)      **D** (iii) & (iv)

**23** $15\%$ of £300 is

    **A** £33      **B** £45      **C** £153      **D** £315

**24** $30\%$ of a number is 279. The number is

    **A** $83\cdot7$      **B** $93$      **C** $930$      **D** $1209$

**25** A dealer bought a TV set for £70. He sold it for £90. What was his percentage profit on the Cost Price?

    **A** $20$      **B** $22\frac{2}{9}$      **C** $28\frac{4}{7}$      **D** $77\frac{7}{9}$

**26** A dealer bought a piano for £60 and sold it for £80. What was his percentage profit on the Selling Price?

    **A** $20$      **B** $25$      **C** $33\frac{1}{3}$      **D** $75$

**27** A man sold a car for £400, thereby making a profit of $20\%$ on the Selling Price. How much had he paid for the car?

    **A** £320      **B** £333·33      **C** £392      **D** $480$

**28** A dealer sold a suite of furniture for £75, thereby making a profit of $25\%$ on the Cost Price. How much had the suite cost him?

    **A** £50      **B** £56·25      **C** £60      **D** £100

**29** The Simple Interest on £450 for 2 years at $6\%$ p.a. is

    **A** £5·4      **B** £9      **C** £27      **D** £54

**30** The Simple Interest gained on a sum of money invested for 5 years at 4% p.a. was £120. What was the sum of money?

    **A** £20      **B** £480      **C** £600      **D** £2400 ✓

**31** A man receives a 10% increase on his monthly wage of £150. How much will he earn in a year at the increased rate?

    **A** £1650      **B** £1800      **C** £1815      **D** £1980 ✓

**32** If income tax is at the rate of 40p in the £, how much is payable on a taxable income of £120?

    **A** £4·8      **B** £7·2      **C** £48 ✓      **D** £72

**33** If the annual rate in a district were fixed at 90p in the £, what would be the half-yearly amount to be paid on a property of rateable value £120?

    **A** £12      **B** £54 ✓      **C** £108      **D** £216

**34** An insurance company offers fire insurance at a premium of 20p per £100. What would be the annual premium for a house insured at £6500?

    **A** £13      **B** £32·5      **C** £130 ✓      **D** £325

**35** Mr. Smith and Mr. Jones share a prize of £20 in the ratio of 2:3. How much does Mr. Smith receive?

    **A** £4      **B** £8 ✓      **C** £12      **D** £13·33

**36** In a competition Tom wins £5 and Harry wins £10. What is the ratio of Tom's winnings to Harry's winnings?

    **A** 1:3      **B** 1:2 ✓      **C** 2:1      **D** 3:1

**37** Mary, Sally and Sue share a sum of £30. Mary receives £15, Sally receives £10. What fraction of the £30 does Sue receive?

    **A** £5      **B** $\frac{1}{5}$      **C** $\frac{1}{4}$      **D** $\frac{1}{3}$ ✓

    **E** $\frac{1}{6}$

**38** What is the reciprocal of 20?

    **A** ·02     **B** ·05 ✓     **C** $2\sqrt{5}$     **D** 400

**39** The reciprocal of ·02 is

    **A** ·0004     **B** ·04     **C** 20     **D** 50 ✓

**40** $51^2 - 49^2 =$

    **A** 4 ✓     **B** 200     **C** 202     **D** 2552

**41** $\log_{10}2 + \log_{10}5 =$

    **A** 1     **B** 2·5     **C** 7 ✓     **D** 10

**42** $3 \log 2 + 2 \log 3 =$

    **A** $5 \log 6$     **B** $6 \log 6$     **C** $5 \log 5$ ✓     **D** $\log 72$

**43** $4 \log 1 =$

    **A** $-·25$     **B** 0     **C** 0·1     **D** 4 ✓

**44** $4 \log 2 - 2 \log 4 =$

    **A** 0     **B** $\log 2$     **C** $2 \log 2$     **D** $8 \log 8$ ✓

**45** $\log 6^3 - \log 3^3 =$

    **A** $3 \log 2$     **B** $2 \log 3$     **C** $3 \log 18$     **D** $\log 3^3$ ✓

**46** A car travels for 2 hours at 60 Km/h and 1 hour at 40 Km/h. What is the average speed?

    **A** $46\frac{2}{3}$ Km/h     **B** 50 Km/h     **C** $53\frac{1}{3}$ Km/h     **D** 55 Km/h ✓

**47** A car travels 80 Km at 40 Km/h and a further 80 miles at 50 Km/h. What is the average speed?

    **A** 42 Km/h     **B** $44\frac{4}{9}$ Km/h     **C** 45 Km/h ✓     **D** 80 Km/h

**48** £200 is invested at 5% Compound Interest. What is the Amount at the end of 3 years, correct to the nearest new penny?

    **A** £210 ✓     **B** £230     **C** £231·53     **D** £266·20

**49** Find the cost of 6½ m of material at 85p/m.

    **A** £5·10    **B** £5·40    **C** £5·52 ✓    **D** £55·20

**50** If 3 gallons of petrol cost £1·06½, what will 7 gallons cost?

    **A** £0·45½    **B** £2·45    **C** £2·48½ ✓    **D** £3·85

**51** What annual income would be received from £525 invested in 4% stock at 125?

    **A** £16·80 ✓    **B** £21    **C** £23·75    **D** £26·25

**52** What would be the cost of £500 5½% stock at 95?

    **A** £27·50    **B** £261·25    **C** £475 ✓    **D** £525

**53** What is the perimeter of a square of area 625 cm$^2$?

    **A** 25 cm    **B** 100 cm ✓    **C** 158·1 cm    **D** 312·5 cm

**54** To the nearest centimetre, a rectangle measures 13 cm by 17 cm. Find, correct to the nearest cm$^2$, the largest possible value of the area.

    **A** 206    **B** 219    **C** 221 ✓    **D** 236

**55** A rectangular field has an area of 1000 m$^2$, and a breadth of 17 m. Find the length of the field, to the nearest metre.

    **A** 58 m    **B** 59 m    **C** 60 m ✓    **D** 17000 m

**56** The value of $\pi^2$, to the nearest whole number is

    **A** 6    **B** 9 ✓    **C** 10    **D** 11

    **E** 12

**57** A circle has a radius of 4 cm. Its diameter is

    **A** 6·28 cm    **B** 8 cm ✓    **C** 12·56 cm    **D** 50·24 cm

**58** The area of a circle is 25 sq. cm. The radius is approximately

    **A** 1·6 cm ✓    **B** 2·8 cm    **C** 3·2 cm    **D** 5·6 cm

**59** Find to the nearest cm² the surface area of a sphere of radius 8 cm.

    **A** 804    **B** 805    **C** 1608    **D** 3217

**60** Find the total surface area of a rectangular block 8 cm by 5 cm by 4 cm.

    **A** 45 cm³    **B** 112 cm³    **C** 160 cm³    **D** 184 cm³

    **E** 242 cm³

**61** Find to the nearest m² the area of a path 1 m wide around a pond of diameter 20 m.

    **A** 16    **B** 32    **C** 65    **D** 66

**62** The volume of a cone of height 16 cm and base radius 8 cm is approximately

    **A** 400 cm³    **B** 800 cm³    **C** 1600 cm³    **D** 1072 cm³

**63** The volume of a sphere of diameter 6 cm is approximately

    **A** 40 cm³    **B** 110 cm³    **C** 1100 cm³    **D** 3050 cm³

**64** The area of a rectangle, to the nearest whole number, is 48 cm². One side is 4·8 cm (to the nearest mm). Calculate, correct to the nearest mm the maximum possible length of an adjacent side.

    **A** 9·8 cm    **B** 10·0 cm    **C** 10·2 cm    **D** 10·3 cm

**65** The length of a side of a square is increased by 10%. Find the percentage increase in the area.

    **A** 10%    **B** 12·1%    **C** 20%    **D** 21%

**66** A semicircle has a radius of πm. Its perimeter is

    **A** (π²+2π)m    **B** 4πm    **C** (π³+2π)m    **D** (2π²+π)m

**67** If each number is given correct to 1 place of decimals, what is the smallest possible value of $\dfrac{2\cdot 8 \times 3\cdot 6}{5\cdot 4}$ correct to 1 decimal place?

    **A** 1·8    **B** 1·9    **C** 2·0    **D** 2·1

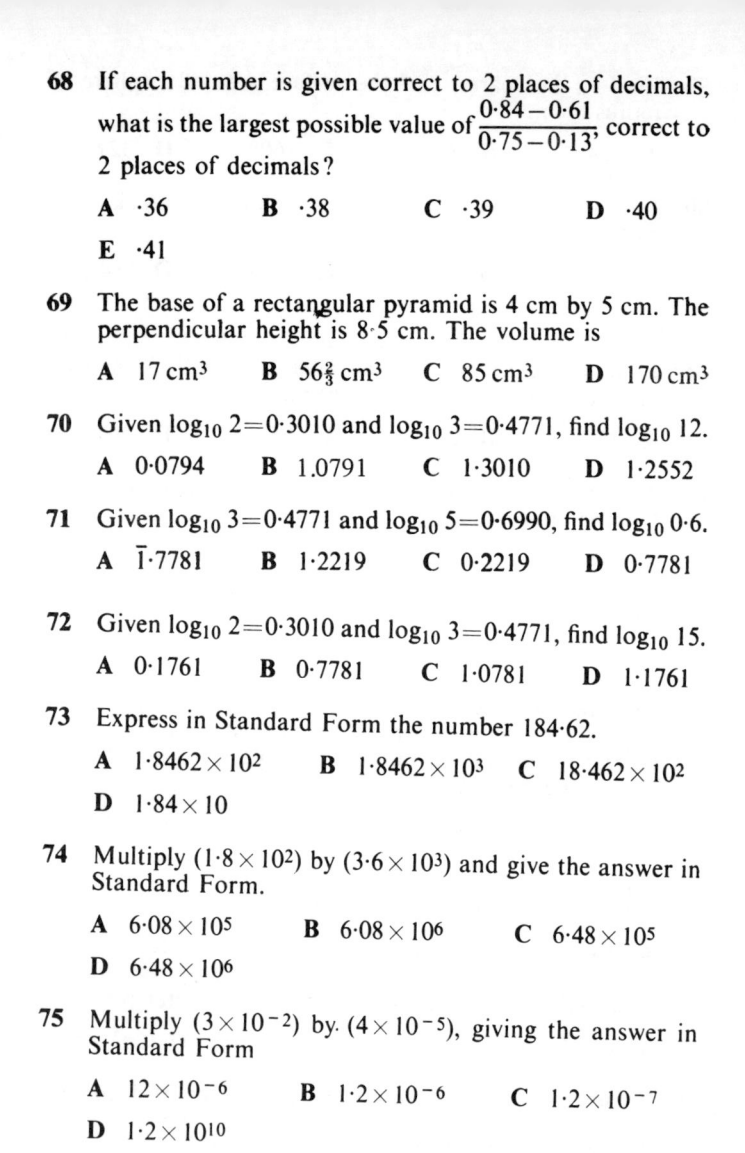

**68** If each number is given correct to 2 places of decimals, what is the largest possible value of $\dfrac{0{\cdot}84 - 0{\cdot}61}{0{\cdot}75 - 0{\cdot}13}$, correct to 2 places of decimals?

**A** ·36  **B** ·38  **C** ·39  **D** ·40
**E** ·41

**69** The base of a rectangular pyramid is 4 cm by 5 cm. The perpendicular height is 8·5 cm. The volume is

**A** 17 cm³  **B** 56⅔ cm³  **C** 85 cm³  **D** 170 cm³

**70** Given $\log_{10} 2 = 0{\cdot}3010$ and $\log_{10} 3 = 0{\cdot}4771$, find $\log_{10} 12$.

**A** 0·0794  **B** 1.0791  **C** 1·3010  **D** 1·2552

**71** Given $\log_{10} 3 = 0{\cdot}4771$ and $\log_{10} 5 = 0{\cdot}6990$, find $\log_{10} 0{\cdot}6$.

**A** $\bar{1}{\cdot}7781$  **B** 1·2219  **C** 0·2219  **D** 0·7781

**72** Given $\log_{10} 2 = 0{\cdot}3010$ and $\log_{10} 3 = 0{\cdot}4771$, find $\log_{10} 15$.

**A** 0·1761  **B** 0·7781  **C** 1·0781  **D** 1·1761

**73** Express in Standard Form the number 184·62.

**A** $1{\cdot}8462 \times 10^2$  **B** $1{\cdot}8462 \times 10^3$  **C** $18{\cdot}462 \times 10^2$
**D** $1{\cdot}84 \times 10$

**74** Multiply $(1{\cdot}8 \times 10^2)$ by $(3{\cdot}6 \times 10^3)$ and give the answer in Standard Form.

**A** $6{\cdot}08 \times 10^5$  **B** $6{\cdot}08 \times 10^6$  **C** $6{\cdot}48 \times 10^5$
**D** $6{\cdot}48 \times 10^6$

**75** Multiply $(3 \times 10^{-2})$ by $(4 \times 10^{-5})$, giving the answer in Standard Form

**A** $12 \times 10^{-6}$  **B** $1{\cdot}2 \times 10^{-6}$  **C** $1{\cdot}2 \times 10^{-7}$
**D** $1{\cdot}2 \times 10^{10}$

**76** $(3^2)^{\frac{2}{3}} \times 3^{\frac{2}{3}} =$

    **A** $3^{\frac{2}{3}}$      **B** 3      **C** 9      **D** $3^{10/3}$

    **E** 27

**77** A right angled triangle has sides of 5 cm, 12 cm and 13 cm. Whats is its area?

    **A** 30 cm²    **B** $32\frac{1}{2}$ cm²    **C** 65 cm²    **D** 78 cm²

**78** A sector of 60° is cut from a circle of radius 12 cm. What is the approximate area of the sector?

    **A** 20 cm²    **B** 75 cm²    **C** 150 cm²    **D** 300 cm²

**79** A cone has a base radius of 10 cm and a slant height of 20 cm. Find the area of the curved surface, to the nearest 10 cm².

    **A** 310 cm²    **B** 630 cm²    **C** 1020 cm²    **D** 1360 cm²

**80** A local authority levies rates at 87p in the £. What sum is payable half-yearly on property assessed at £140?

    **A** £60·90    **B** £121·80    **C** £200·90    **D** £261·80

**81** The reciprocal of ·04 is

    **A** 0·25    **B** 0·96    **C** 2·5    **D** 25

**82** Which of the following do not have an exact cube root.
(i) 125    (ii) 175    (iii) 216    (iv) 2160

    **A** (i) & (iii)    **B** (ii) & (iv)    **C** (ii)(iii) & (iv)

    **D** (ii) & (iii)

**83** Evaluate $9 \times 3^2 + 3(8)^{2/3}$

    **A** 69    **B** 70    **C** 93    **D** 97

**84** In how many years will £200 increase to £240 at 8% p.a. Simple Interest?

    **A** 2    **B** $2\frac{1}{2}$    **C** 5    **D** 8

**85** A triangle has sides of 6 cm, 8 cm and 12 cm. Calculate the area, and leave your answer in surd form. (Hint: Use Hero's formula).

    **A** $\sqrt{(455)}$ cm²    **B** $\sqrt{(910)}$ cm²    **C** $\sqrt{(1365)}$ cm²
    **D** $\sqrt{(1820)}$ cm²

**86** Express in Standard Form the number 0·0024.

    **A** $-2·4 \times 10^3$    **B** $2·4 \times 10^{-3}$    **C** $2·4 \times 10^{-2}$
    **D** $2·4 \times 10^3$

**87** The first two terms of a Geometric Progression are 4 and 6. What is the third term?

    **A** 2    **B** 8    **C** 9    **D** 10

**88** A man buys 10 articles at 35p each, and is given 5% discount off the list price. How much change does he receive from £5?

    **A** £1·32½    **B** £1·50    **C** £1·67½    **D** £2·20

**89** A car priced at £850 is subject to an increase of 7½%. What is the increased price, to the nearest £1?

    **A** £63    **B** £64    **C** £913    **D** £914

**90** After ten completed innings, a cricketer has an average of 24 runs per innings. How many runs must he score in his next innings to increase his average to 27?

    **A** 3    **B** 27    **C** 51    **D** 54
    **E** 57

**91** What is the arithmetic mean of 9 and 18?

    **A** 9    **B** 12·7    **C** 13·5    **D** 162

**92** What is the geometric mean of 3 and 12?

    **A** 6    **B** 7½    **C** 9    **D** 15

**93** How many sides has a hexagon?

    **A** 5      **B** 6      **C** 7      **D** 8

    **E** 10

**94** The parallel sides of a trapezium are of lengths 9 and 13 cm respectively. The perpendicular distance between them is 8 cm. What is the area of the trapezium?

    **A** 88 cm²    **B** 100·5 cm²    **C** 117 cm²    **D** 136½ cm²

**95** A map is drawn to a scale of 1 cm represents 2 km. What area is represented by a rectangle 2 cm by 3 cm?

    **A** 6 km²    **B** 12 km²    **C** 18 km²    **D** 24 km²

    **E** 36 km²

**96** What percentage of 2 m is 10 cm?

    **A** ·5%    **B** 2%    **C** 5%    **D** 20%

**97** In a village 20 houses had 2 rooms each, 42 houses 3 rooms each, 17 houses 4 rooms each, and 1 house had 20 rooms. What was the average number of rooms per house?

    **A** $\frac{8}{25}$    **B** $2\frac{22}{29}$    **C** 3·175    **D** $8\frac{8}{29}$

**98** The square root of 0·0169 is

    **A** 0·0013    **B** 0·013    **C** 0·13    **D** 1·3

**99** A metal tank of cuboid shape has internal measurements 1 m by 0·3 m by 0·5 m. How many litres of water will it hold?

    **A** 0·15    **B** 1·5    **C** 15    **D** 150

**100** The cube root of $(27)^2$ is

    **A** 3    **B** $3\sqrt{3}$    **C** 9    **D** $9\sqrt{3}$

**101** Given $\log_{10} 5 = 0.6990$, calculate $\log_{10} 0.125$.

    **A** $\bar{1}\cdot0970$    **B** $\bar{1}\cdot2097$    **C** $\bar{1}\cdot3980$    **D** 0·2097

**102** Given $\log_{10} 3 = 0\cdot4771$, calculate $\log_{10} \sqrt{0\cdot3}$.

    **A** $\bar{1}\cdot2385$    **B** $\bar{1}\cdot7385$    **C** $0\cdot2385$    **D** $0\cdot7385$

**103** Given $\log_{10} 2 = 0\cdot3010$, calculate $\log_{10} (0\cdot02)^{\frac{1}{2}}$

    **A** $\bar{1}\cdot1003$    **B** $\bar{1}\cdot4670$    **C** $\bar{1}\cdot7670$    **D** $0\cdot7670$

**104** The sides of a triangle are 8 cm, 9 cm and 11 cm. What is the length of the semi-perimeter?

    **A** 8·5 cm    **B** 10 cm    **C** 14 cm    **D** 28 cm

**105** How many $cm^2$ in 2 $m^2$?

    **A** 200    **B** 2000    **C** 5000    **D** 20000

**106** In an orchard, apple trees are planted at intervals of 12·5 m. How many trees would be needed to form a row 150 m long?

    **A** 8    **B** 12    **C** 12·5    **D** 13

**107** If on a map a square of side 2 cm represents an area of 16 $km^2$, what area is represented by a square of side 4 cm?

    **A** 32 $km^2$    **B** 64 $km^2$    **C** 96 $km^2$    **D** 128 $km^2$

**108** If the population of town X is represented diagrammatically by the area of a circle of radius 10 cm and the population of town Y by a circle of radius 50 cm, what is the ratio of the two populations?

    **A** 1 : 25    **B** 1 : 5    **C** 10 : 50    **D** 1 : 4

**109** Divide $(4 \times 10^{-3})$ by $(8 \times 10^{-2})$, giving the answer in Standard Form.

    **A** $1\cdot2 \times 10^{-4}$    **B** $5 \times 10^{-2}$    **C** $2 \times 10^{-1}$    **D** $5 \times 10^2$

**110** What is the approximate value of the perimeter of a semi-circle of radius 7 cm?

    **A** 22 cm    **B** 36 cm    **C** 44 cm    **D** 58 cm

**111** $(27)^{\frac{2}{3}} \times (125)^{\frac{1}{3}} =$

    **A** 45    **B** 75    **C** 225    **D** 750

**112** $(4)^{\frac{2}{3}} \times (16)^{\frac{2}{3}} =$

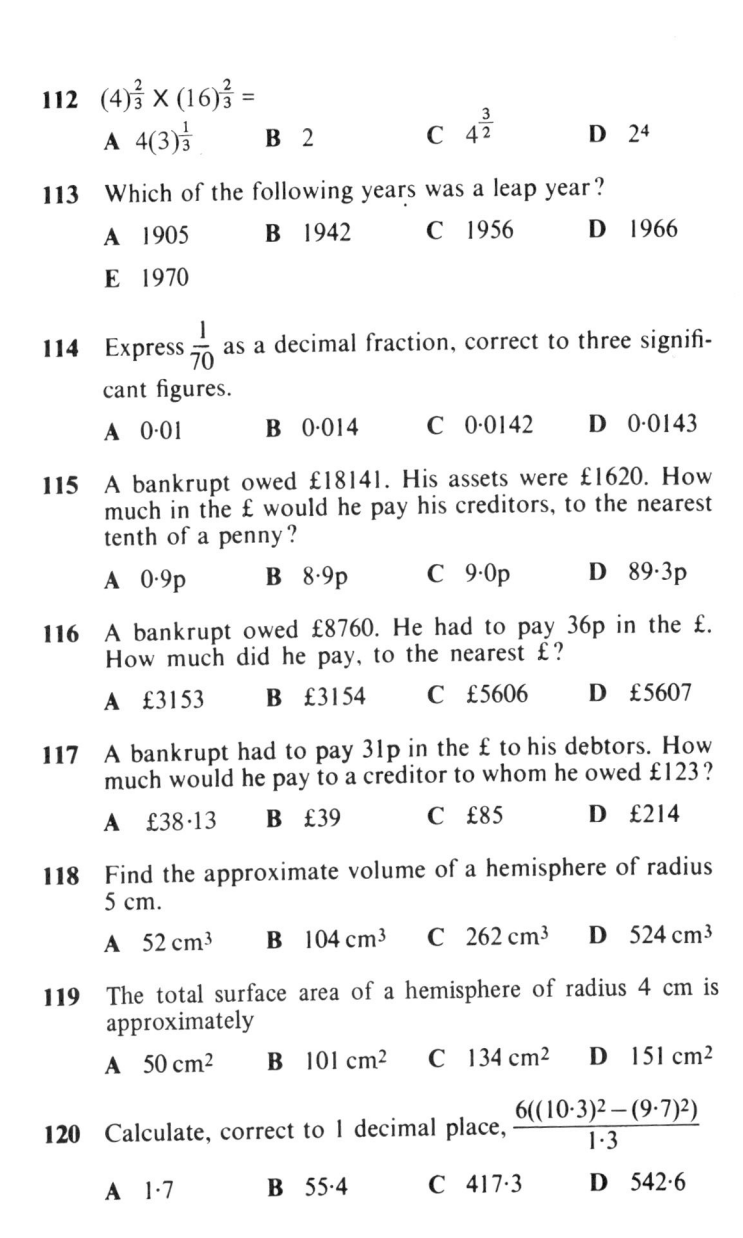

    **A** $4(3)^{\frac{1}{3}}$     **B** 2     **C** $4^{\frac{3}{2}}$     **D** $2^4$

**113** Which of the following years was a leap year?

    **A** 1905     **B** 1942     **C** 1956     **D** 1966

    **E** 1970

**114** Express $\frac{1}{70}$ as a decimal fraction, correct to three significant figures.

    **A** 0·01     **B** 0·014     **C** 0·0142     **D** 0·0143

**115** A bankrupt owed £18141. His assets were £1620. How much in the £ would he pay his creditors, to the nearest tenth of a penny?

    **A** 0·9p     **B** 8·9p     **C** 9·0p     **D** 89·3p

**116** A bankrupt owed £8760. He had to pay 36p in the £. How much did he pay, to the nearest £?

    **A** £3153     **B** £3154     **C** £5606     **D** £5607

**117** A bankrupt had to pay 31p in the £ to his debtors. How much would he pay to a creditor to whom he owed £123?

    **A** £38·13     **B** £39     **C** £85     **D** £214

**118** Find the approximate volume of a hemisphere of radius 5 cm.

    **A** 52 cm³     **B** 104 cm³     **C** 262 cm³     **D** 524 cm³

**119** The total surface area of a hemisphere of radius 4 cm is approximately

    **A** 50 cm²     **B** 101 cm²     **C** 134 cm²     **D** 151 cm²

**120** Calculate, correct to 1 decimal place, $\dfrac{6((10·3)^2 - (9·7)^2)}{1·3}$

    **A** 1·7     **B** 55·4     **C** 417·3     **D** 542·6

**121** Calculate the value of $\dfrac{0{\cdot}02 \times 0{\cdot}07 \times 0{\cdot}11}{0{\cdot}32}$, giving the answer in Standard Form.

   **A** $4{\cdot}8125 \times 10^{-6}$    **B** $4{\cdot}928 \times 10^{-5}$    **C** $4{\cdot}8125 \times 10^{-4}$
   **D** $4{\cdot}8125$

**122** A sector of 54° is cut from a circle of radius 6 cm. What is the perimeter of the sector? Give your answer to the nearest mm.

   **A** 5·7 cm    **B** 11·7 cm    **C** 17·65 cm    **D** 17·7 cm

**123** A sector of 25° is cut from a circle of radius 4 cm. What is the area, to the nearest cm², of the remainder of the circle?

   **A** 3 cm²    **B** 13 cm²    **C** 47 cm²    **D** 50 cm²

**124** A pyramid has a base area of 14 cm², and a volume of 16 cm³. Calculate, to the nearest mm, the height of the pyramid.

   **A** 0·4 cm    **B** 1·1 cm    **C** 3·4 cm    **D** 10·7 cm

**125** Calculate $13^3 - 11^3$, giving your answer correct to two significant figures.

   **A** 8·0    **B** 860    **C** 866    **D** 870

**126** Calculate 17% of 1 m 84 cm, correct to the nearest cm.

   **A** 31 cm    **B** 31·3 cm    **C** 32 cm    **D** 153 cm

**127** What percentage of 5 kg is 85 g?

   **A** 1·7%    **B** 5·9%    **C** 17%    **D** 85%

**128** In an examination taken by ten students, five were awarded 7 marks each and two were awarded 8 marks each. The other three students were each awarded the same mark. The average mark of the ten students was 6·6. How many marks were awarded to each of the last three students?

   **A** 4    **B** 5    **C** 6    **D** 9

**129** A man bought fifteen articles at 85p each. He was allowed 10% quantity discount and a further 5% discount for cash. How much change did he receive from £15?

　**A** £4·10　**B** £4·16　**C** £10·84　**D** £10·90

**130** The Simple Interest on £420 for 4 yrs at 7% p.a. is

　**A** £11·76　**B** £16·80　**C** £29·40　**D** £117·60

**131** The Compound Interest on £360 invested for 3 yrs at 6% p.a. is

　**A** £33·38　**B** £64·80　**C** £68·77　**D** £424·80

**132** Evaluate $(3)^{-2} \times (6)^{\frac{1}{2}} \times (36)^{\frac{1}{2}}$.

　**A** $-144$　**B** $-\frac{2}{3}$　**C** $\frac{2}{3}$　**D** $54$

　**E** $108$

**133** Two spheres have diameters of 3 cm and 5 cm respectively. What is the ratio of their volumes?

　**A** 27 : 125　**B** 3 : 8　**C** 9 : 25　**D** 3 : 5

**134** The ratio of the diameter of a circle to its circumference is

　**A** $1 : \pi$　**B** $1 : 2\pi$　**C** $\pi : 2$　**D** $2\pi : 1$

**135** A man walks 2 km at 4 km/h and 2 km at 6 km/h. What is his average speed for the journey?

　**A** $3\frac{2}{3}$ km/h　**B** $4\frac{4}{5}$ km/h　**C** 5 km/h　**D** $5\frac{1}{5}$ km/h

**136** A litre of water weighs 1 kg. What does a cubic metre of water weigh?

　**A** 10 kg　**B** 100 kg　**C** 1000 kg　**D** 10000 kg

**137** Through what angle does the minute hand of a watch turn between 10·50 hrs and 11·40 hrs?

　**A** $50°$　**B** $300°$　**C** $330°$　**D** $420°$

**138** The radius of the earth is 6340 km. What is the distance along the earth's surface from 10°N30°E to 30°N30°E?

　**A** 350 km　**B** 700 km　**C** 2210 km　**D** 19920 km

**139** A record turns at 33 revolutions per minute. Through what angle does a radius turn in one second?

**A** 99°  **B** 198°  **C** 622°  **D** 11880°

**140** Through what angle does the hour hand of a clock turn between 11·20 hrs and 13·50 hrs?

**A** 12·5°  **B** 75°  **C** 150°  **D** 900°

**141** What is the approximate diameter, in mm, of a circle of circumference 1 m?

**A** 3·2 mm  **B** 32 mm  **C** 160 mm  **D** 320 mm

**142** What is the approximate diameter of a circle of area 1260 cm²?

**A** 10 cm  **B** 20 cm  **C** 30 cm  **D** 40 cm

**143** If each number is given correct to two places of decimals, what is the smallest value, correct to two places of decimals, of $\frac{8·97 - 2·81}{8·97 \times 2·81}$?

**A** 0·24  **B** 0·243  **C** 0·245  **D** 0·25

**144** £250 is invested at 6% Compound Interest. What is the total interest earned after three years?

**A** £18  **B** £30·90  **C** £45  **D** £47·75

**145** What is the reciprocal of 60, correct to three significant figures?

**A** 0·016  **B** 0·0167  **C** 0·017  **D** 0·167

**146** A vase is made in the shape of a frustrum of a cone. The base diameter is 10 cm, and the diameter of the top 20 cm. The vertical height is 25 cm. How many litres of water will the vase hold?

**A** ·65  **B** 1·30  **C** 4·58  **D** 5·24

**147** A triangle has sides of 7 cm, 24 cm and 25 cm. What is its area?

**A** 56 cm²  **B** 84 cm²  **C** 87·5 cm²  **D** 168 cm²

**148** Which of the following is (are) not necessarily a parallelogram? (i) rhombus (ii) trapezium (iii) square (iv) rectangle.

    **A** (i) & (ii)      **B** (iii) & (iv)      **C** (iii) only

    **D** (ii) only

**149** Calculate the value of $\dfrac{120 \times 13}{0 \cdot 16}$, giving the answer in Standard Form.

    **A** $9 \cdot 75 \times 10^{-3}$    **B** $2 \cdot 496 \times 10^{-2}$    **C** $2 \cdot 496 \times 10^2$

    **D** $9 \cdot 75 \times 10^3$

**150** $\pi$ radians =

    **A** $57°$      **B** $90°$      **C** $180$      **D** $360°$

**151** $+\sqrt{(+9)^2} =$

    **A** $-9$      **B** $-3$      **C** $3$      **D** $9$

**152** $(-27)^{\frac{1}{3}} =$

    **A** $-9$      **B** $-3$      **C** $3$      **D** $9$

**153** $(-4)^3 =$

    **A** $-64$      **B** $-12$      **C** $12$      **D** $64$

**154** $8^{\frac{1}{3}}\left((\sqrt{3})^2 - (\sqrt{2})^2\right) =$

    **A** $1$      **B** $2$      **C** $5$      **D** $10$

**155** 4 pieces each 16 cm long are cut from a piece of string of length 1 m. What length remains?

    **A** 4 cm      **B** 36 cm      **C** 64 cm      **D** 84 cm

**156** How many pieces each 15 cm long can be cut from a piece of string of length 2 m?

    **A** 6      **B** 12      **C** 13      **D** 15

**157** What is half the square root of 289?

    **A** 8·5      **B** 12      **C** 72·25      **D** 144·5

    **E** 289

**158** Find the average of 289, 291, 296.

    **A** 3      **B** 292      **C** 293      **D** 876

**159** What is the cube root of 216?

    **A** $-6$      **B** 6      **C** 36      **D** 72

**160** $(-0.4)^2 =$

    **A** 1·6      **B** 0·16      **C** $-0.16$      **D** $-1.6$

**161** A man pays £560 income tax on a taxable income of £1400. What is the rate in the £?

    **A** $2\frac{1}{2}$p      **B** 25p      **C** 40p      **D** 60p

**162** Find the upper limit of $1.2 \times 3.2$, if each figure is given correct to one decimal place.

    **A** 3      **B** 3·6225      **C** 3·84      **D** 4·0625

**163** $(-8)^{\frac{1}{3}} \times (27)^{\frac{2}{3}} =$

    **A** $-18$      **B** $-6$      **C** 6      **D** 18

**164** $-(0.3)^2 =$

    **A** $-0.9$      **B** $-0.09$      **C** 0·09      **D** 0·9

**165** $2 \log_{10} 10 =$

    **A** 0·5      **B** 1      **C** 2      **D** 20

**166** Write the number 48·4728 correct to 3 significant figures

    **A** 48·4      **B** 48·472      **C** 48·473      **D** 48·5

**167** How many cm$^3$ in 1 litre?

    **A** 10      **B** $10^2$      **C** $10^3$      **D** $10^4$

**168** How many minutes from 10·40 hrs to 12·05 hrs?

    **A** 45      **B** 85      **C** 90      **D** 95

    **E** 105

**169** Find the cost of 4 articles at $37\frac{1}{2}$p each.

    **A** $37\frac{1}{2}$p      **B** 75p      **C** £1·50      **D** £15

**170** 25% of a number is 48. What is the number?

    **A** 12      **B** 144      **C** 192      **D** 245

**171** If each number is correct to 1 significant figure, what is the lower limit of $8-5$?

    **A** 2      **B** 2·5      **C** 3      **D** 4

**172** $4^{-2} \times 5^{-2} =$

    **A** $2·5 \times 10$      **B** $4 \times 10^{-2}$      **C** $4 \times 10^{-3}$      **D** $5 \times 10^{-4}$

    **E** $2·5 \times 10^{-3}$

**173** The product of $(9)^{\frac{1}{2}}$ and $(4)^{\frac{1}{2}}$ is

    **A** 1·5      **B** 6      **C** 6·5      **D** 13

    **E** 18

**174** Add half of 3 to a third of 2.

    **A** $\frac{5}{6}$      **B** 1      **C** 2      **D** $2\frac{1}{6}$

**175** $(25)^{\frac{1}{2}} \times (1)^{0} =$

    **A** 0      **B** 5      **C** 12·5      **D** 25

## ALGEBRA

**1** $2a+b-a+b=$
   **A** $a+2b$    **B** $a$    **C** $3a+b$    **D** $a-2b$

**2** $x-2y-3x-y=$
   **A** $4x-3y$    **B** $-2x-y$    **C** $2x-3y$    **D** $-2x-3y$

**3** $(3x+y)-(2x+y)=$
   **A** $x+2y$    **B** $5x$    **C** $x$    **D** $x-2y$

**4** $(a+2b)-(a-2b)=$
   **A** $2a-4b$    **B** $0$    **C** $4b$    **D** $-4b$

**5** $(3x+y)-(x-2y)+(y-x)=$
   **A** $x$    **B** $2x$    **C** $x+2y$    **D** $x+4y$

**6** $3(2a-b)-2(3a+b)=$
   **A** $-5b$    **B** $-b$    **C** $12a-5b$    **D** $-2b$

**7** $x(x+3)-x(x-2)-2=$
   **A** $x-2$    **B** $5x-2$    **C** $3x$    **D** $2x^2+5x-2$

**8** $(x+1)(x+5)=$
   **A** $x^2+5x+6$    **B** $x^2+6x+5$    **C** $x^2+4x+5$
   **D** $x^2+6x+6$

**9** $(x-1)(x+3)=$
   **A** $x^2-2x+3$    **B** $x^2+2x-3$    **C** $x^2-2x-3$
   **D** $x^2+4x-3$

**10** $(y-4)(y-3)=$
   **A** $y^2-7y+7$    **B** $y^2+7y-7$    **C** $y^2-7y+12$
   **D** $y^2-y+12$    **E** $y^2+12$

**11** $(2x+3)(3x-2)=$
   **A** $6x^2+13x-6$   **B** $6x^2-5x-6$   **C** $6x^2-5x+6$
   **D** $6x^2+5x-6$

**12** $(2x-5y)(x+2y)=$
   **A** $2x^2-xy-10y^2$   **B** $2x^2-5xy-10y^2$   **C** $2x^2+xy-10y^2$
   **D** $2x^2+4xy-10y^2$

**13** $(3x-4y)^2=$
   **A** $9x^2-12xy+16y^2$   **B** $9x^2-16y^2$   **C** $9x^2+16y^2$
   **D** $9x^2-24xy+16y^2$

**14** $2(x-y)^2+3(x+y)^2=$
   **A** $5x^2+5y^2$   **B** $5x^2+xy+5y^2$   **C** $5x^2+2xy+5y^2$
   **D** $13x^2+10xy+13y^2$

**15** $(3x+2y)(3x-2y)=$
   **A** $9x^2+6xy-4y^2$   **B** $9x^2-4y^2$   **C** $9x^2-6xy-4y^2$
   **D** $9x^2+4y^2$

**16** $4a^2 \times 3a^3=$
   **A** $7a^5$   **B** $12a^5$   **C** $12a^6$   **D** $72a^6$

**17** $2ab \times 3ac \times 4abc=$
   **A** $9a^2b^2c^2$   **B** $12a^3b^2c^2$   **C** $24a^3b^2c^2$   **D** $24a^2b^2c^2$

**18** $(3a)^2 \times (4a)^3=$
   **A** $12a^5$   **B** $12a^6$   **C** $576a^5$   **D** $576a^6$

**19** $6a^4 \div 2a^3=$
   **A** $3a$   **B** $\dfrac{3a}{4}$   **C** $\dfrac{3}{a}$   **D** $4a$

**20** $(4a^2)^3 =$

   **A** $4a^5$     **B** $4a^6$     **C** $64a^5$     **D** $64a^6$

   **E** $64a^9$

**21** $(3a^3)^2 \times 3(a^3)^2 =$

   **A** $9a^{12}$     **B** $27a^{12}$     **C** $81a^{12}$     **D** $27a^{10}$

**22** $(4x^2)^2 \div 4(x^2)^2 =$

   **A** $1$     **B** $4$     **C** $x^2$     **D** $4x^2$

**23** $8a^{-4} \times 2a^3 \times 3a^2 =$

   **A** $48a^{-24}$     **B** $13a$     **C** $48a$     **D** $48a^9$

**24** $(2a^3)^{-2} \times 3a^2 =$

   **A** $12a^3$     **B** $\dfrac{3a^3}{4}$     **C** $\dfrac{12}{a^4}$     **D** $\dfrac{3}{4a^4}$

**25** $(2xy)^{-3} \div 16(x^2y)^{-1} =$

   **A** $\dfrac{1}{128x^5y^4}$     **B** $\dfrac{2}{x^5y^4}$     **C** $\dfrac{1}{128xy^2}$     **D** $\dfrac{2}{xy^2}$

**26** $(3a^2b)^0 \times 2(ab^2)^3 =$

   **A** $0$     **B** $2a^3b^6$     **C** $8a^3b^6$     **D** $6a^5b^7$

   **E** $24a^3b^6$

**27** $x^2y^{-3} \div 2^{-1}x^{-3}y^2 =$

   **A** $2x^5y^{-5}$     **B** $2x^{-1}y^{-1}$     **C** $\tfrac{1}{2}x^5y^5$     **D** $\tfrac{1}{2}x^{-5}y^{-5}$

**28** $3a^2b^3 \times (2ab)^2 \times 3(ab)^3 =$

   **A** $18a^7b^8$     **B** $36a^7b^8$     **C** $81a^8b^7$     **D** $324a^7b^8$

**29** $(9a^2b)^{\frac{1}{2}} \times 8(a^4b)^{3/2} =$

   **A** $24a^7b^2$     **B** $36a^7b^2$     **C** $24a^{12}b^2$     **D** $3(2)^{9/4}a^7b^3$

**30** $(27a^2b^3)^{\frac{2}{3}} \times (8a^2b^3)^{\frac{1}{3}} =$

   **A** $18a^3b^2$     **B** $48a^3b^2$     **C** $18a^2b^3$     **D** $48a^2b^3$

**31** $(8x^{-2}y^{-1})^{-1} \times (3x^{-1}y^{-2})^0 =$

    **A** 0     **B** $-8x^2y$     **C** $\dfrac{-1}{8x^2y}$     **D** $\dfrac{x^2y}{8}$

**32** If $a=2$, $b=3$ and $c=4$, evaluate $4a^{-2}bc$

    **A** $-192$     **B** $-96$     **C** 12     **D** 192

**33** If $a=3$, $b=4$ and $c=5$, evaluate $2^{-3}a^2bc^{-1}$

    **A** $-240$     **B** 0·9     **C** 22·5     **D** 57·6

    **E** 75·6

**34** If $a=3$, evaluate $(2a^2)^3 \times (4a)^{-1}$

    **A** 30     **B** 162     **C** 486     **D** 1944

**35** If $x=5$ and $y=3$, evaluate $(x^2-y^2)(x-y)^2$

    **A** 16     **B** 64     **C** 128     **D** 256

**36** If $a=5$ and $b=2$, evaluate $2(a^2+b^2)(2a^2-b^2)$

    **A** 1218     **B** 1334     **C** 2436     **D** 2564

    **E** 2668

**37** If $a=6$, evaluate $-2a^{-3} \times 3a^2$

    **A** $-1$     **B** $\dfrac{-1}{9}$     **C** 3     **D** 6

**38** If $a=2$, evaluate $(-3a^{-1})^2$

    **A** $-2·25$     **B** $-0·75$     **C** 0·75     **D** 2·25

**39** If $a=4$, evaluate $(-2a^{-3})^{-1}$

    **A** $-32$     **B** $-8$     **C** 8     **D** 32

**40** Factorise $9x+36y$

    **A** $9(x+4y)$     **B** $(3x+6y)(3x-6y)$     **C** $(3x+6y)^2$

    **D** $3(x+12y)$

**41** Factorise $9x - 36y$
   **A** $3(x - 12y)$   **B** $9(x - 4y)$   **C** $(3x - 6y)(3x + 6y)$
   **D** $3(3x - 6y)$

**42** Factorise $x(5 - y) + 3(5 - y)$
   **A** $3x(5 - y)$   **B** $(x - 3)(5 + y)$   **C** $(x + 3)(5 + y)$
   **D** $(x + 3)(5 - y)$

**43** The factors of $p(7 - q) - 4(7 - q)$ are
   **A** $-4p(7 - q)$   **B** $(p + 4)(7 + q)$   **C** $(p + 4)(q - 7)$
   **D** $4p(q - 7)$   **E** $(p - 4)(7 - q)$

**44** The factors of $x(4 - y) - 3(y - 4)$ are
   **A** $(x - 3)(y - 4)$   **B** $(x - 3)(4 - y)$   **C** $(x + 3)(4 - y)$
   **D** $3x(4 - y)$

**45** The factors of $3x - 12 + xy - 4y$ are
   **A** $(y - 3)(x + 4)$   **B** $(y + 3)(x + 4)$   **C** $(4 + y)(x - 3)$
   **D** $(3 + y)(x - 4)$

**46** Factorise $x^2 - 4x - 4y + xy$
   **A** $-4(x^2 - y^2)$   **B** $(x + y)(x - 4)$   **C** $(x - y)(x + 4)$
   **D** $x(x + y - 4)$

**47** Factorise $3x - 5y + xy - 15$
   **A** $(x - 5)(y + 3)$   **B** $(x - 3)(y + 5)$   **C** $(3 - x)(y - 5)$
   **D** $(x + 5)(y - 3)$

**48** Factorise $px + 2qx - 5y(p + 2q)$
   **A** $2pq(x - 5y)$   **B** $5xy(p + 2q)$   **C** $(p + 2q)(x - 5y)$
   **D** $(p + 2q)(5x - y)$

**49** Factorise $4x^2 - 9y^2$
  **A** $(2x-3y)^2$  **B** $(2x-3y)(2x+3y)$  **C** $(4x-9y)(x+y)$
  **D** $(4x+9y)(x-y)$

**50** The factors of $25x^2 - 40x + 16$ are
  **A** $(5x-4)^2$  **B** $(5x+4)^2$  **C** $(5x-4)(5x+4)$
  **D** $(4-5x)(5x+4)$

**51** Factorise $x^2 + x - 6$
  **A** $(x+2)(x-3)$  **B** $(x+3)(x-2)$  **C** $(x+6)(x-1)$
  **D** $(x-6)(x+1)$

**52** Find the factors of $3x^2 - 7xy - 6y^2$
  **A** $(3x-2y)(x-3y)$  **B** $(3x-2y)(3y-x)$
  **C** $(3x+2y)(x-3y)$  **D** $(3x+2y)(3y-x)$

**53** Factorise $x^3 - y^3$
  **A** $(x-y)(x+y)^2$  **B** $(x+y)(x-y)^2$  **C** $(x-y)(x^2+xy+y^2)$
  **D** $(x-y)(x^2-xy+y^2)$  **E** $(x-y)(x+y)$

**54** Factorise $(a+2b)^2 - (a-2b)^2$
  **A** $(a+2b)(a-2b)$  **B** $0$  **C** $(a^2+4b^2)(a^2-4b^2)$
  **D** $8ab$

**55** Factorise $12x^2 - 25x + 12$
  **A** $(4x+3)(3x+4)$  **B** $(4x-3)(3x-4)$  **C** $(3x-1)(x-3)$
  **D** $4(3x+1)(x+3)$

**56** Factorise $\pi r^2 H - \pi R^2 H$
  **A** $\pi H(r-R)(r+R)$  **B** $\pi H(R-r)(R+r)$
  **C** $(\pi-H)(r-R)(r+R)$  **D** $(\pi-H)(R-r)(R+r)$

**57** The factors of $3x^2 - 11xy - 4y^2$ are

**A** $(3x-y)(x+4y)$  **B** $(3x-y)(x-4y)$  **C** $(3x+y)(x-4y)$
**D** $(3x+2y)(3x-2y)$

**58** Factorise $9x^2 - 81y^2$

**A** $(3x-9y)^2$  **B** $9(x-3y)^2$  **C** $9(x-3y)(x+3y)$
**D** $9(x-3y)^2$

**59** Find the factors of $8x^3 + 27y^3$

**A** $(2x+3y)^2(2x-3y)$  **B** $(2x+3y)(4x^2+6xy+9y^2)$
**C** $(2x+3y)(4x^2-6xy+9y^2)$  **D** $(2x-3y)(4x^2-6xy-9y^2)$

**60** Factorise $a^4 - b^4$

**A** $(a-b)(a^3+b^3)$  **B** $(a-b)(a+b)^3$  **C** $(a-b)^2(a+b)^2$
**D** $(a-b)(a+b)(a^2+b^2)$  **E** $(a^3-b^3)(a+b)$

**61** $\dfrac{1}{x+1} - \dfrac{2}{x+2} =$

**A** $\dfrac{x}{(x-1)(x-2)}$  **B** $\dfrac{-x}{(x+1)(x+2)}$  **C** $\dfrac{4-x}{(x+1)(x+2)}$
**D** $\dfrac{x-4}{(x+1)(x+2)}$

**62** $\dfrac{1}{x} + \dfrac{3}{2x} =$

**A** $\dfrac{4}{3x}$  **B** $\dfrac{5}{2x}$  **C** $\dfrac{7}{2x}$  **D** $\dfrac{5}{2x^2}$

**63** $\dfrac{x}{x+2} - \dfrac{2}{x+1}$ is equal to

**A** $\dfrac{x^2-x-4}{x^2+3x+2}$  **B** $\dfrac{x-1}{x+1}$  **C** $\dfrac{x-2}{x+1}$  **D** $\dfrac{x^2-x+4}{x^2+3x+2}$

**64** $\dfrac{3}{x-8} - \dfrac{2}{8-x}$ is equal to

**A** $\dfrac{1}{x-8}$     **B** $\dfrac{1}{8-x}$     **C** $\infty$     **D** $\dfrac{5}{x-8}$

**65** Express $\dfrac{2}{x+1} - \dfrac{1}{x+3}$ as a single fraction.

**A** $\dfrac{x+5}{(x+1)(x+3)}$    **B** $\dfrac{x+7}{(x+1)(x+3)}$    **C** $\dfrac{-1}{2}$

**D** $\dfrac{1}{(x+1)(x+3)}$

**66** If $x^2 + 6x + n$ is a perfect square, n is equal to

**A** 3     **B** 6     **C** 9     **D** 36

**67** Express as a single fraction in its lowest terms

$$\dfrac{x-1}{x(x+1)} - \dfrac{x}{(x+1)(x+2)}$$

**A** $\dfrac{x-2}{x(x+1)(x+2)}$    **B** $\dfrac{1}{x(x+1)}$    **C** $\dfrac{2x^2+x-2}{x(x+1)(x+2)}$

**D** $\dfrac{2-x}{x(x+1)(x+2)}$

**68** $\dfrac{2}{3x} - \dfrac{3}{2x}$ is equal to

**A** $\dfrac{-1}{x}$     **B** $\dfrac{-1}{6x}$     **C** $\dfrac{-5}{6x}$     **D** $\dfrac{-5}{6x^2}$

**69** Express as a single fraction $\dfrac{x+2}{x+3} - \dfrac{x+1}{x+2}$

**A** 1     **B** $\dfrac{1}{(x+2)(x+3)}$     **C** $\dfrac{3(x+1)}{(x+2)(x+3)}$

**D** $\dfrac{(x+1)(x+7)}{(x+2)(x+3)}$

**70** If $x^2 - 8x + 4n$ is a perfect square, find the value of n.

**A** $-4$  **B** 4  **C** 8  **D** 16

**71** If $C = 2\pi R$, express R in terms of C.

**A** $C - 2\pi$  **B** $\dfrac{2C}{\pi}$  **C** $\dfrac{2\pi}{C}$  **D** $\dfrac{C}{2\pi}$

**72** If $a^2 = b^2 + c^2 - 2bc \cos A$, express cos A in terms of a, b, and c.

**A** $\dfrac{b^2 + c^2 - a^2}{2bc}$  **B** $\dfrac{a^2 + b^2 - c^2}{2bc}$  **C** $a^2 - b^2 - c^2 + 2bc$

**D** $b^2 + c^2 - a^2 - 2bc$

**73** Make v the subject of the formula $\dfrac{1}{f} = \dfrac{1}{u} + \dfrac{1}{v}$

**A** $v = f - u$  **B** $v = \dfrac{1}{f} - \dfrac{1}{u}$  **C** $v = \dfrac{u - f}{uf}$  **D** $v = \dfrac{uf}{u - f}$

**74** If $V = \frac{4}{3}\pi r^3$, express r in terms of V.

**A** $\dfrac{3V}{4\pi}$  **B** $\dfrac{3V^{\frac{1}{3}}}{4\pi}$  **C** $\left(V - \dfrac{4\pi}{3}\right)^3$  **D** $\left(\dfrac{3V}{4\pi}\right)^{\frac{1}{3}}$

**75** If $V = \frac{1}{3}\pi r^2 h$, express h in terms of V and r.

**A** $\dfrac{3V}{\pi r^2}$  **B** $V - \dfrac{\pi r^2}{3}$  **C** $\dfrac{\pi r^2 V}{3}$  **D** $\dfrac{3V\pi}{r^2}$

**76** Make C the subject of the formula $F = \frac{9}{5}C + 32$

**A** $C = \dfrac{5F}{9} - 32$  **B** $C = \dfrac{9F}{5} - 32$  **C** $C = \dfrac{5}{9}(F - 32)$

**D** $C = \dfrac{9}{5}(F - 32)$

**77** If $\frac{1}{x} = \frac{1}{a} - \frac{1}{2}$, express a in terms of x.

    **A** $\frac{1}{x+2}$      **B** $\frac{2x}{x+2}$      **C** $\frac{x+2}{2x}$      **D** $\frac{2x}{x-2}$

    **E** $\frac{2}{x+2}$

**78** If $W = IV$ and $V = IR$, express I in terms of W and R.

    **A** $(WR)^{\frac{1}{2}}$      **B** $\frac{WR}{2}$      **C** $\left(\frac{W}{R}\right)^{\frac{1}{2}}$      **D** $\frac{W}{2R}$

**79** Given $A = \pi(R^2 - r^2)$, express R in terms of A and r.

    **A** $\frac{A}{\pi r^2}$      **B** $\frac{A}{\pi} + r^2$      **C** $\frac{A}{2\pi} + r$      **D** $\left(\frac{A}{\pi} + r^2\right)^{\frac{1}{2}}$

**80** Given $F = \frac{9c}{5} + 32$, find F when $C = 20$.

    **A** 4      **B** 36      **C** 68      **D** 212

**81** Given l is positive, and $V = 8l^2$, find l when $V = 200$

    **A** 5      **B** $10\sqrt{2}$      **C** 25      **D** 40

**82** Given $f = \frac{10}{3}$, $v = 2$, find the value of u if $\frac{1}{f} = \frac{1}{v} - \frac{1}{u}$

    **A** 0.2      **B** 0.75      **C** $1\frac{1}{3}$      **D** 5

**83** If x articles cost £2 each and y articles cost £3 each, what is the average cost per article?

    **A** £$\frac{x+y}{5}$      **B** £$\frac{5}{x+y}$      **C** £$\frac{2x+3y}{x+y}$      **D** £2.50

**84** A man walks a km in x hours, and a further b km in y hours. What is his average speed in km/h?

    **A** $\frac{a}{x} + \frac{b}{y}$      **B** $\frac{a+b}{x+y}$      **C** $\frac{ax+by}{x+y}$      **D** $\frac{x+y}{a+b}$

    **E** $\frac{x+y}{ax+by}$

**85** If y varies as x², and y=18 when x=3, find y when x=6

    **A** 36      **B** 54      **C** 72      **D** 324

**86** If I is proportional to V, and I=6 when V=12, find the value of I when V=6.

    **A** 3      **B** 9      **C** 12      **D** 24

**87** If V varies as the cube of r, and V=32 when r=4, find V when r=6.

    **A** 48      **B** 64      **C** 96      **D** 108

**88** If y varies as the square root of x, and y=12 when x=16, find y when x=49.

    **A** 18      **B** 21      **C** 28      **D** 35

**89** If y varies as the cube of x, and y=2 when x=2, find the value of x which will make y=16.

    **A** 4      **B** $4\sqrt{2}$      **C** 8      **D** 12

**90** If y varies inversely as x, and y=3 when x=1, find the value of y when x=6.

    **A** 0·5      **B** 1      **C** 9      **D** 18

**91** If y is inversely proportioned to x², and y=1 when x=2, find y when x=4.

    **A** −1      **B** 0·25      **C** 0·5      **D** 2

**92** Given x=a²bc, find the value of x when a=−2, b=−1 and c=−3.

    **A** −36      **B** −12      **C** 12      **D** 36

**93** If E=RVT², find the positive value of T when E=2, R=3 and V=6.

    **A** $\frac{1}{81}$      **B** $\frac{1}{9}$      **C** $\frac{1}{3}$      **D** 3

**94** Find the value of x if three times x is two less than eight.

    **A** 2      **B** $3\frac{1}{3}$      **C** 18      **D** 24

**95** Solve the equation $5x-4=16$.

    **A** $x=2\frac{2}{5}$     **B** $x=4$     **C** $x=7\frac{1}{5}$     **D** $x=-\frac{4}{5}$

**96** Find x if $3(x-2)=2(x-1)$

    **A** $-4$     **B** $-1\frac{3}{5}$     **C** $1\frac{3}{5}$     **D** $4$

    **E** $4\frac{4}{5}$

**97** Calculate x if $3(x-1)-2(x-2)=4$

    **A** $\frac{3}{5}$     **B** $2\frac{1}{5}$     **C** $3$     **D** $11$

**98** Find x if $2(x-1)+3(2x-3)=x+1$

    **A** $\frac{6}{7}$     **B** $1\frac{4}{7}$     **C** $1\frac{5}{7}$     **D** $4\frac{2}{7}$

**99** Solve the equation $x(x-4)+(x-1)(x+2)=2x^2+x+1$

    **A** $-2$     **B** $-\frac{3}{4}$     **C** $\frac{1}{2}$     **D** $1\frac{1}{3}$

**100** Find y if $2y-3=3(y-2)$

    **A** $-3$     **B** $-1$     **C** $1$     **D** $3$

**101** Three times a number is equal to four times two less than the number. What is the number?

    **A** $2$     **B** $4$     **C** $6$     **D** $8$

**102** Find x if $5(x-1)=3-(x-2)$

    **A** $1$     **B** $1\frac{2}{3}$     **C** $2\frac{1}{2}$     **D** $10$

**103** Solve the equation $3x+1=2(x-1)$

    **A** $-3$     **B** $-2$     **C** $-1$     **D** $1$

**104** Find possible values of x if $(x-1)^2=1$

    **A** 0 or 2     **B** 0 or $-2$     **C** 1 or 2     **D** 1 or $-2$

**105** Find possible values of x if $(x-1)^2=0$

    **A** $\pm1$     **B** $+1$     **C** $-1$     **D** $0$

**106** Solve the equation $x^2-3x+2=0$

  **A** $-1, -2$   **B** $-1, 2$   **C** $1, -2$   **D** $1, 2$

**107** Solve the equation $x^2+2x-15=0$

  **A** $-5, -3$   **B** $-5, 3$   **C** $5, -3$   **D** $5, 3$

**108** Find values of x which satisfy the equation
$2x^2-5x+2=0$

  **A** $-\frac{1}{2}, -2$   **B** $-\frac{1}{2}, 2$   **C** $\frac{1}{2}, -2$   **D** $\frac{1}{2}, 2$

**109** Solve the equation $6x^2+5x-6=0$

  **A** $-\frac{2}{3}, -\frac{2}{3}$   **B** $\frac{-3}{2}, \frac{2}{3}$   **C** $\frac{3}{2}, \frac{-2}{3}$   **D** $\frac{-1}{6}, 1$

  **E** $\frac{-3}{2}, \frac{+2}{3}$

**110** Solve the equation $8x^2+18x-5=0$

  **A** $\frac{-5}{2}, \frac{1}{4}$   **B** $-5, 1$   **C** $4, \frac{-1}{5}$   **D** $\frac{5}{2}, -4$

**111** Solve the equation $x^2-6x+9=0$

  **A** $-3, 3$   **B** $-3$   **C** $3$   **D** $-9, -1$

**112** Find x if $(4x-1)^2=9$

  **A** $4, -2$   **B** $1, -\frac{1}{2}$   **C** $\pm\frac{3}{4}$   **D** $\pm 3$

**113** Solve the equation $2^x=8$

  **A** $1$   **B** $2$   **C** $3$   **D** $4$

**114** The statement $x^2-2x+1=0$ is true for

  **A** one value only of x
  **B** one positive and one negative value of x
  **C** two positive values of x
  **D** two negative values of x
  **E** no values of x

**115** If $(x-2)(x+7)=0$, $x=$

   **A** $-2, -7$    **B** $-2, 7$    **C** $2, -7$    **D** $2, 7$

**116** A rectangle of area R cm² is $(x+1)$ cm by $(x-1)$ cm. A square, area A cm² has side length x cm. Which of the following statement(s) is (are) true?
(i) $R=x^2+1$   (ii) $R>A$   (iii) $R=x^2-1$   (iv) $A=R+1$

   **A** (i) and (ii)   **B** (iii) only   **C** (iii) and (iv)   **D** (i) and (iv)

**117** If $3x+2y=9$, and $x+3y=8$, $4x+5y$ equals

   **A** $-1$    **B** $1$    **C** $8\frac{1}{2}$    **D** $17$

**118** If $5x-3y=10$ and $8x-5y=12$, $3x-2y$ equals

   **A** $-2$    **B** $2$    **C** $11$    **D** $22$

**119** Find the value of x and of y which satisfy the simultaneous equations $2x+3y=0$, $3x+2y=5$

   **A** $0, 4$    **B** $3, -2$    **C** $2, -3$    **D** $4, 0$

**120** Find the value of y which satisfies the simultaneous equations $3x-y=9$, $x-2y=8$

   **A** $-3$    **B** $-2$    **C** $2$    **D** $3$
   **E** $4$

**121** If $3x+y=11$, and $y=5$, find the value of $2x-y$

   **A** $-1$    **B** $2$    **C** $4$    **D** $9$

**122** Find the value of x which satisfies the simultaneous equations $4y-x=5$, $2y+2x=-5$

   **A** $-3$    **B** $-\frac{1}{2}$    **C** $\frac{1}{2}$    **D** $3$

**123** Solve the simultaneous equations $4x-y=2$, $x+2y=\frac{1}{2}$

   **A** $0, \frac{1}{2}$    **B** $\frac{1}{2}, 0$    **C** $1, \frac{1}{2}$    **D** $0, 2$

**124** If $x^2+x-2$ is negative, the range of values for x is

   **A** $-1<x<2$    **B** $-2<x<2$    **C** $-2<x<1$    **D** $x>0$

**125** For the range of values $-3 < x < -2$, the function $x^2+5x+6$ is

    **A** always negative
    **B** always positive
    **C** sometimes negative, sometimes positive
    **D** zero

**126** If $(x-1)^2 > 4$, which of the following statements is necessarily true?

    **A** $x > 2$  **B** $x > 3$  **C** $x > -1$  **D** either $x < -1$ or $x > 3$

**127** What is the remainder when $(x^2+3x+3)$ is divided by $(x+2)$?

    **A** 0    **B** 1    **C** 2    **D** 3

**128** What is the remainder when $(x^3+x^2-x-2)$ is divided by $(x-1)$?

    **A** $-1$    **B** 0    **C** 1    **D** 2

**129** When $(x^3-x^2+x+n)$ is divided by $(x+1)$, the remainder is $-6$. What is the value of n?

    **A** $-5$    **B** $-3$    **C** $-1$    **D** 1

**130** What is the remainder when $(x^2+6x+9)$ is divided by $(x+2)$?

    **A** $-1$    **B** 1    **C** 2    **D** 25

**131** The line $y = mx+3$ is parallel to the line $2y = 3x+8$. What is the value of m?

    **A** $1\frac{1}{2}$    **B** 3    **C** 4    **D** 11

**132** The line $y = mx+4$ is perpendicular to the line $y = 2x-3$. What is the value of m?

    **A** $-3$    **B** $-2$    **C** $-\frac{1}{2}$    **D** $\frac{1}{2}$

**133**

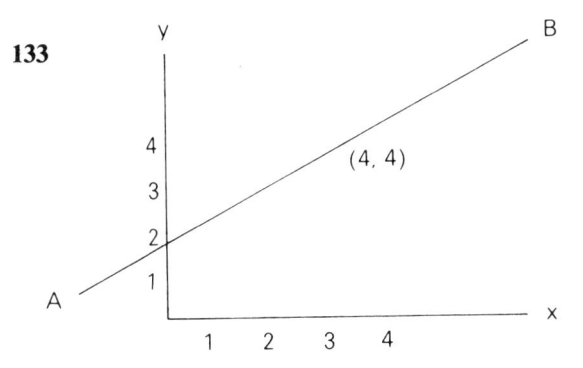

Figure 1

In Figure 1 the equation of the line AB is

**A** $2y = x + 2$   **B** $y = 2x - 2$   **C** $y = 2x + 2$   **D** $2y = x + 4$

**134** The equation of the line passing through the origin and through the point (2, 4) is

**A** $y = \tfrac{1}{2}x$   **B** $y = 2x + 4$   **C** $y = \tfrac{1}{2}x + 4$   **D** $y = 2x$

**135** Write the equation of the line with gradient $\tfrac{1}{3}$, which passes through the point (4, 3).

**A** $y = 3x + 5$   **B** $y = \tfrac{1}{3}x + 4$   **C** $y = \tfrac{1}{3}x + 3$   **D** $3y = x - 13$

**E** $3y = x + 5$

**136** The lines $y = x + 3$ and $y = 4$ are

**A** identical
**B** parallel
**C** mutually perpendicular
**D** at an angle of 45° to each other

**137** The equation of the line joining the points (3, 2) and (1, −2) is

**A** $y = 2x + 6$   **B** $y = 2x - 4$   **C** $y = -2x - 4$   **D** $y + 2x = 4$

**138** What is the intercept on the y axis of the line $y = 3x - 4$?

**A** $-4$   **B** $-\tfrac{3}{4}$   **C** $3$   **D** $4$

**139** What is the intercept on the x axis of the line $2y = x - 4$?

    **A** $-4$      **B** $-2$      **C** 4      **D** 8

**140** The graph of $y = x^2$ is

    **A** symmetrical about the x axis only
    **B** symmetrical about the y axis only
    **C** symmetrical about both axes
    **D** symmetrical about neither axes

**141**

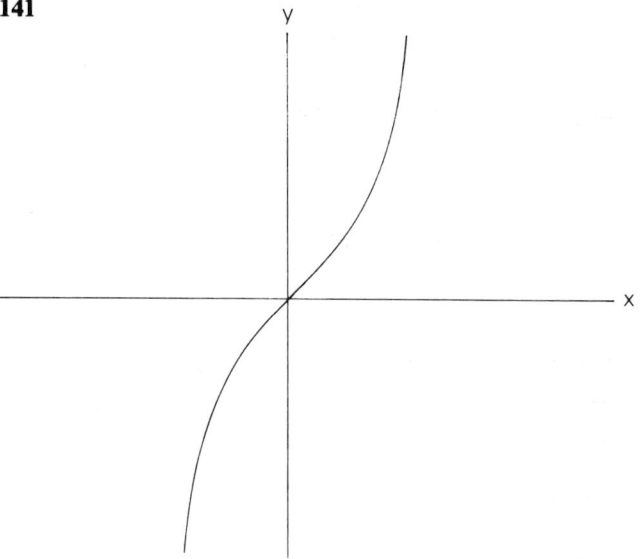

Figure 2

The sketch in Figure 2 could represent

**A** $y = x$     **B** $y = x^2$     **C** $y = x^2 + x + 1$     **D** $y = x^3$
**E** $y = x^3 + 1$

**142** The graph of $y = x^2 - 4x + 6$ will cut the x axis at
**A** not at all  **B** one point  **C** two points  **D** three points

**143** The graph of $y = x^2 - 4x + 2$ will cut the x axis at
**A** not at all  **B** one point  **C** two points  **D** three points

**144** What is the axis of symmetry of the graph $y = x^2 - 2x$?
**A** $x = 1$  **B** $x = 2$  **C** $y = 1$  **D** $y = 2$

**145**

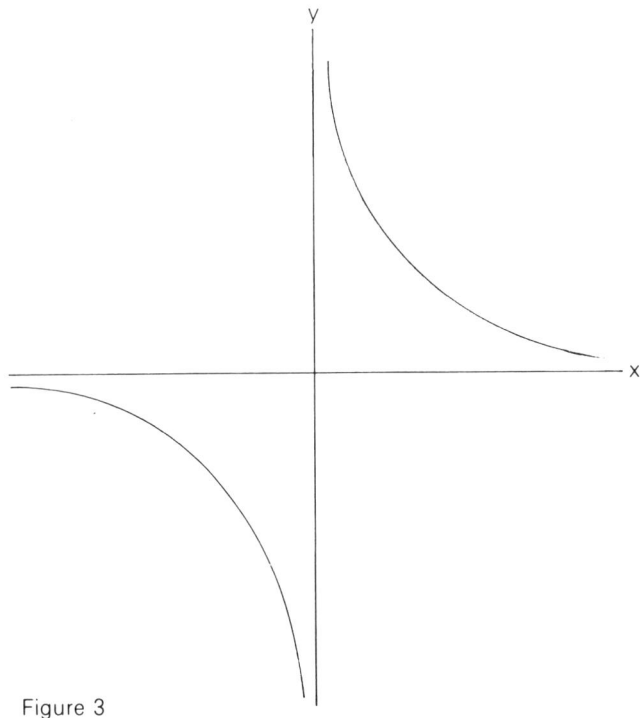

Figure 3

The sketch in Figure 3 could represent

**A** $y = x$  **B** $xy = 1$  **C** $y = x^2$  **D** $y = \dfrac{1}{x^2}$

**146** If $f(x) = 2x^2 - x$, $f(2) =$

    **A** $2(2x^2 - x)$    **B** 2      **C** 6      **D** 10

**147** If $f(x) = -x^3$, $f(-1) =$

    **A** $-3$      **B** $-1$      **C** 1      **D** 3

**148** If $f(x) = x^2 - x + 2$, $f(3) =$

    **A** 2      **B** 4      **C** 8      **D** 14

**149** If $f(x) = x^2 + 1$, $f(x-1) =$

    **A** $x^2 - 2x + 2$    **B** $x^2$    **C** $x^2 + 2x + 2$    **D** $x^2 - 2x + 1$

**150**

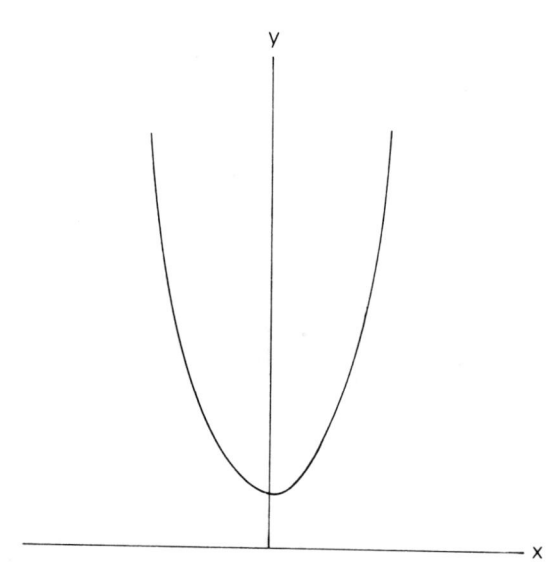

Figure 4

In figure 4, the sketch could represent

**A** $y = x^2$      **B** $y = x^2 - 1$      **C** $y = 1 - x^2$      **D** $y = x + 1$
**E** $y = 1 + x^2$

**151** The sum of the first five positive even integers is

    **A** 5      **B** 10      **C** 20      **D** 30

**152** What is the sum of the first ten terms of the series 1, 4, 7, . . . . . .

    **A** 135      **B** 145      **C** 270      **D** 290

**153** The numbers 8, 12, 16, 20, 24 form an arithmetic progression in which the common difference is

    **A** 4      **B** 5      **C** 16      **D** 80

**154** The first three terms of an A.P. are 8, 14, 20. What is the sixth term?

    **A** 6      **B** 38      **C** 42      **D** 138

**155** The first term of an A.P. is 3, and the common difference is 4. What is the fifth term?

    **A** 12      **B** 15      **C** 19      **D** 23

**156** The first and third terms of a Geometric Progression are 4 and 36 respectively. The common ratio is

    **A** 3      **B** 9      **C** 16      **D** 32

**157** The first term of a G.P. is 0·5, and the common ratio is 2. Find the sum of the first six terms.

    **A** 15      **B** 15·5      **C** 16      **D** 31·5

**158** The first three terms of a G.P. are $1, \frac{1}{3}, \frac{1}{9}$. The sixth term is

    **A** $\frac{1}{3^6}$      **B** $\frac{1}{3^5}$      **C** $\frac{1}{2} \cdot \frac{1}{3^5}$      **D** $\frac{1}{2} \cdot \frac{1}{3^6}$

**159** The first three terms of a G.P. are 6, −12, 24. The common ratio is

    **A** −6      **B** −2      **C** $2^{-1}$      **D** $6^{-1}$

**160** The sum to infinity of the G.P. $1, \frac{1}{2}, \frac{1}{4}$ . . . . . . is

    **A** 2      **B** 3      **C** 3·5      **D** ∞

**161** Find x if $2^{2x}=64$

    **A** 3      **B** 8      **C** 16      **D** 32

**162** Find x if $x^x=27$

    **A** $\log 3$      **B** $\log 3\sqrt{3}$      **C** 3      **D** 9

**163**

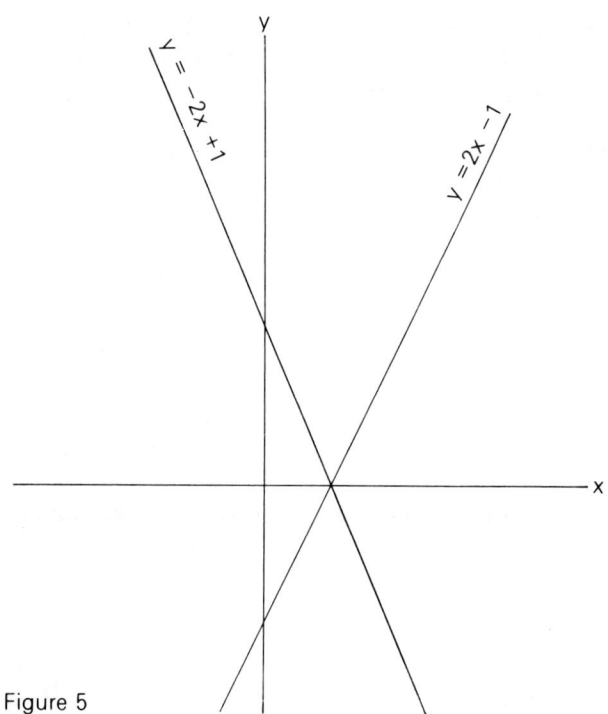

Figure 5

Find the co-ordinates of the point of intersection of the two lines in Figure 5.

    **A** $(0, 2)$      **B** $(0, -2)$      **C** $(1, 0)$      **D** $(\frac{1}{2}, 0)$

**164** Find x if $x^{\frac{1}{3}}=8$

    **A** 2      **B** $2\frac{2}{3}$      **C** 64      **D** 512

**165** Simplify $(8+x)^2-(8-x)^2$

    **A** $32x$    **B** $64x$    **C** $2x^2+16x$    **D** $2x^2-16x+64$

**166** $\dfrac{1}{3x}+\dfrac{x}{4}=$

    **A** $\dfrac{1+x}{4+3x}$    **B** $\dfrac{1+x}{12x}$    **C** $\dfrac{4+3x^2}{12x}$    **D** $\dfrac{x^2+1}{12}$

    **E** $\dfrac{x}{3x+4}$

**167** If $a=3$, $b=-4$, $c=5$, $a^2+b^2-c^2=$

    **A** $-32$    **B** $-6$    **C** $0$    **D** $50$

**168** Which of the following points are on the line $y+2x-3=0$?

    (i) $(0, 3)$    (ii) $(0, -3)$    (iii) $(-\frac{1}{2}, 4)$    (iv) $(4, -\frac{1}{2})$

    **A** (i) and (iii)    **B** (ii) and (iv)    **C** (iv) only    **D** (i) only

**169** Solve the equation $3^{2x}-2\times 3^x+1=0$

    **A** $-1$    **B** $0$    **C** $1$    **D** $3$

**170** In a rectangle ABCD, A is the point $(0, 0)$, B the point $(4, 0)$ and C the point $(4, 3)$. Find the co-ordinates of D.

    **A** $(0, 3)$    **B** $(0, 4)$    **C** $(3, 4)$    **D** $(4, 4)$

**171** Factorise $2\pi r^2 l - 4\pi r l^2$

    **A** $\pi r l(r-2l)$    **B** $2\pi r l(r-l)$    **C** $2\pi r l(r-2l)$

    **D** $2\pi r l(r-l)(r+l)$

**172** If y varies as $x^3$, and $y=6\frac{3}{4}$ when $x=3$, express y in terms of x

    **A** $y=x^3$    **B** $y=\dfrac{x^3}{4}$    **C** $9y=4x$    **D** $y=\dfrac{4}{x^3}$

**173** The square of $(3x^2-2y^2)$ is

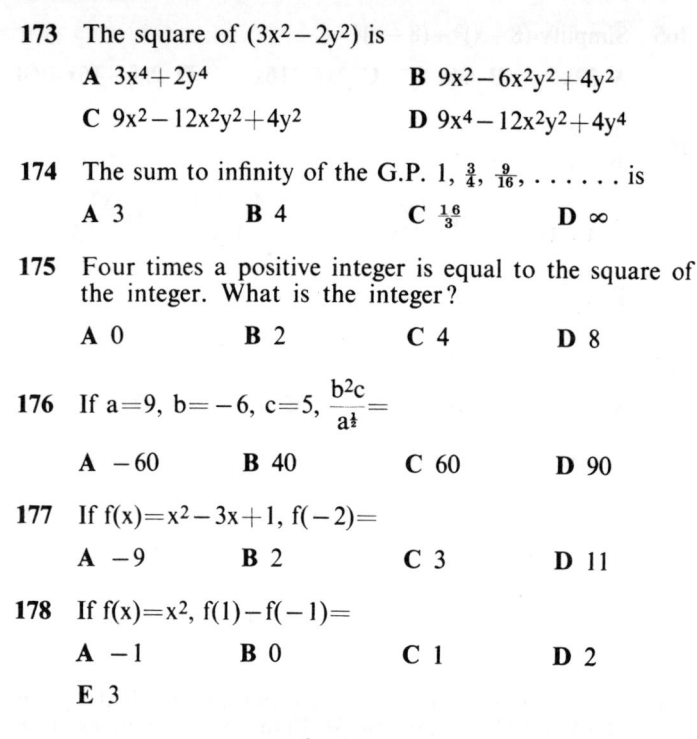

   **A** $3x^4+2y^4$            **B** $9x^2-6x^2y^2+4y^2$

   **C** $9x^2-12x^2y^2+4y^2$     **D** $9x^4-12x^2y^2+4y^4$

**174** The sum to infinity of the G.P. $1, \frac{3}{4}, \frac{9}{16}, \ldots\ldots$ is

   **A** 3     **B** 4     **C** $\frac{16}{3}$     **D** $\infty$

**175** Four times a positive integer is equal to the square of the integer. What is the integer?

   **A** 0     **B** 2     **C** 4     **D** 8

**176** If $a=9$, $b=-6$, $c=5$, $\dfrac{b^2c}{a^{\frac{1}{2}}}=$

   **A** $-60$     **B** 40     **C** 60     **D** 90

**177** If $f(x)=x^2-3x+1$, $f(-2)=$

   **A** $-9$     **B** 2     **C** 3     **D** 11

**178** If $f(x)=x^2$, $f(1)-f(-1)=$

   **A** $-1$     **B** 0     **C** 1     **D** 2

   **E** 3

**179** As x tends to zero, $\dfrac{x^2-1}{x^2-2}$ tends to

   **A** $-\frac{1}{2}$     **B** 0     **C** $\frac{1}{2}$     **D** 1

   **E** $\infty$

**180** Given that $(x+2)(x+3)<0$, it is necessary that

   **A** $x<0$     **B** $x<2$     **C** $2<x<3$     **D** $x>3$

**181** If $x+12^2=13^2$, $x=$

   **A** $\pm 5$     **B** 5     **C** $\pm 25$     **D** 25

**182** To solve the equation $x^2+3x+1=0$, the graph of $y=(x+3)(x+1)$ is drawn, also a straight line. What is the equation of the line?

   **A** $y=x+1$     **B** $y=x+2$     **C** $y=x+3$     **D** $y=3x+1$

**183** $2\log x + \log x^2 =$

  **A** $3\log x$   **B** $\log x^4$   **C** $\log(2x^2)$   **D** $\log 2 + \log x^2$

**184** $\log(xy) + \log x - \log y =$

  **A** $\log x^2$   **B** $\log(xy)$   **C** $\log(2x)$   **D** $\log 2 + \log x$

**185** $2\log x^2 + \log x^3 - 2\log x =$

  **A** $2\log x^4$   **B** $2\log x^5$   **C** $\log x^4$   **D** $5\log x$

**186** If $\log x = 0$, $x =$

  **A** $-1$   **B** $0$   **C** $1$   **D** $10$

**187** If $\log_2 x = 3$, $x =$

  **A** $\frac{2}{3}$   **B** $\frac{3}{2}$   **C** $8$   **D** $1000$

**188** $\log a + \log b - 2\log c =$

  **A** $0$   **B** $\log\left(\frac{ab}{c^2}\right)$   **C** $2\log\left(\frac{ab}{c}\right)$

  **D** $2\log\left(\frac{ab}{c^2}\right)$

**189** What is the angle made by the line $y = \sqrt{3}x + \sqrt{5}$ with the x axis

  **A** $45°$   **B** $60°$   **C** $\left(\frac{\pi}{\sqrt{3}}\right)^c$   **D** $\left(\frac{\pi}{\sqrt{5}}\right)^c$

**190** A cube has an edge of x cm. What is the length of a diagonal of the cube?

  **A** $\sqrt{2}.x$ cm   **B** $x^3$ cm   **C** $\sqrt{3}.x$ cm   **D** $\sqrt{3x^3}$ cm

**191** Factorise $36x^2 - 64y^2$

  **A** $4(3x-4y)(3x+4y)$   **B** $(9x-16y)(9x+16y)$

  **C** $(4x-3y)(3x+4y)$   **D** $2(3x-4y)(3x+4y)$

**192** Make r the subject of the formula $V = \pi r^2 h$

    **A** $r = \sqrt{\left(\dfrac{V\pi}{h}\right)}$      **B** $r = \sqrt{\left(\dfrac{V}{\pi h}\right)}$      **C** $r = \left(\dfrac{Vh}{\pi}\right)^2$

    **D** $r = \sqrt{\left(\dfrac{V - \pi}{h}\right)}$

**193** If $T = 2\pi \sqrt{\left(\dfrac{l}{g}\right)}$, express l in terms of T

    **A** $4\pi^2 T^2 g$      **B** $g\sqrt{\left(\dfrac{T}{2\pi}\right)}$      **C** $\dfrac{g^2 T^2}{4\pi^2}$      **D** $\dfrac{g T^2}{4\pi^2}$

**194** If $2x^4 = 32$, $x =$

    **A** 2      **B** $\pm 2$      **C** 4      **D** $\pm 4$

**195** If $(2x)^4 = 16$, $x =$

    **A** $\pm 1$      **B** $\pm 2$      **C** 2      **D** $-2$

    **E** 4

**196** x is non-zero, and is equal to twice its own square. What is x?

    **A** $-\tfrac{1}{2}$      **B** $\pm\tfrac{1}{2}$      **C** $\tfrac{1}{2}$      **D** 0 or $\tfrac{1}{2}$

**197** $x^2 - 2ax + 9$ is a perfect square. What is the value of a?

    **A** $-3$      **B** 5      **C** 6      **D** 9

**198** Simplify $(1 + 2x)^2 - (1 - 2x)^2$

    **A** $2 + 8x + 8x^2$      **B** $2 - 8x - 8x^2$      **C** $8x$      **D** 0

**199** Solve $(x - 3)^2 = 3^2$

    **A** 0      **B** 6      **C** 0 or 6      **D** 12

**200** The line $y + 3x = 2$ is parallel to the line $2y = mx + 5$. What is the value of m?

    **A** $-6$      **B** $-3$      **C** 3      **D** 6

# GEOMETRY

**1**

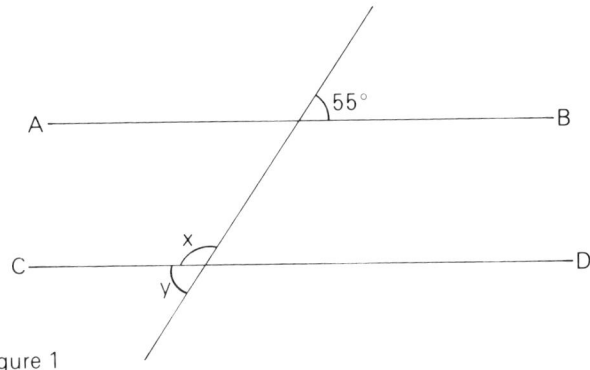

Figure 1

In Fig. 1, AB and CD are parallel lines. Angle x =

   **A** 35°      **B** 55°      **C** 125°      **D** 135°

**2** In Fig. 1, AB and CD are parallel lines. Angle y =

   **A** 35°      **B** 55°      **C** 125°      **D** 135°

**3**

Figure 2

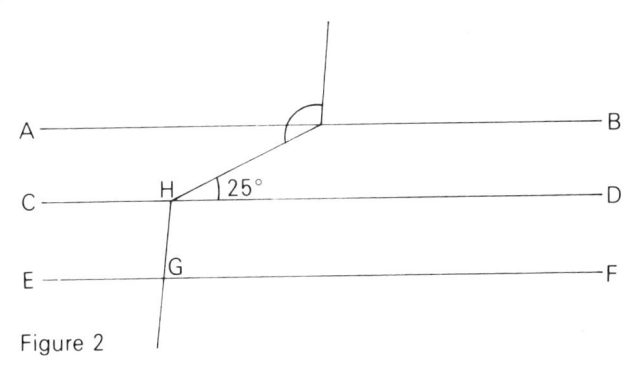

In Fig. 2, AB, CD and EF are parallel lines, and GH and KL are parallel. Evaluate obtuse angle HKL.

   **A** 85°      **B** 135°      **C** 145°      **D** 215°

**4** An interior angle of a regular pentagon is
   **A** 72°　　**B** 108°　　**C** 118°　　**D** 540°

**5** The sum of the interior angles of a hexagon is
   **A** 5 right angles　　**B** 6 right angles　　**C** 8 right angles
   **D** 12 right angles

**6** The interior angles of a regular figure are each 135°. The figure is
   **A** a parallelogram　　**B** a hexagon　　**C** an octagon
   **D** a decagon

**7**

Figure 3

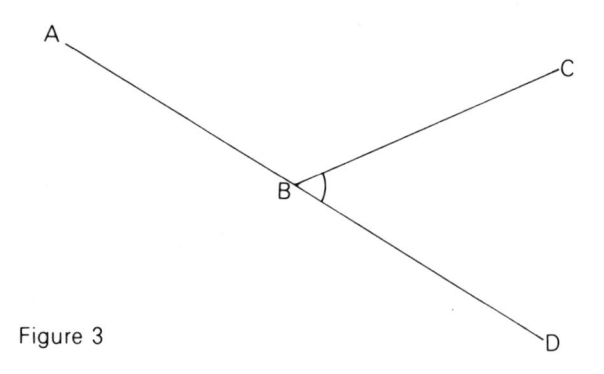

In Fig. 3. AB and BC are sides of a regular pentagon. Calculate angle CBD.

**A** 60°　　**B** 72°　　**C** 75°　　**D** 80°
**E** 108°

**8** ABCD is a parallelogram. Which of the following statements is (are) necessarily true? (i) AB=BC (ii) AC=BD (iii) AC bisects BD (iv) angle ABC=angle CDA

   **A** (i) & (ii)    **B** (ii) & (iii)    **C** (iii) only    **D** (iii) & (iv)

**9** ABCD is a rhombus. AB=6 cm. Angle ABC=60°. Calculate the length of AC.

   **A** 6 cm    **B** $6\sqrt{2}$ cm    **C** $6\sqrt{3}$ cm    **D** 12 cm

**10**

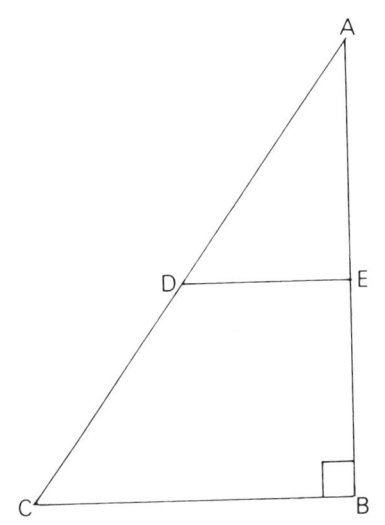

Figure 4

In Fig. 4, angle ABC=90°. AC=10 cm. BC=6 cm. AD=5 cm and DE is parallel to CB. Calculate AE.

   **A** 2·5 cm    **B** 3 cm    **C** 4 cm    **D** 8 cm

**11** A rhombus has sides of length 13 cm, and the shorter diagonal 10 cm. Calculate the length of the longer diagonal.

   **A** 10 cm    **B** 12 cm    **C** 13 cm    **D** 24 cm

**12**

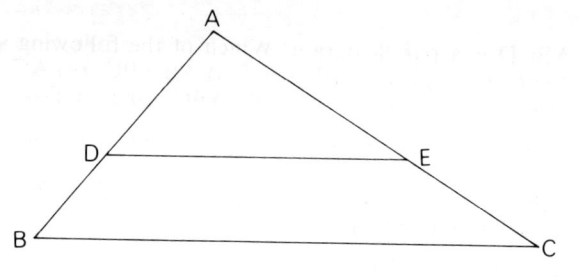

Figure 5

In Fig. 5, AB=15 cm, AC=25 cm, AD=9 cm, DE is parallel to BC. Calculate EC.

**A** 6 cm      **B** 10 cm      **C** 15 cm      **D** 16 cm

**13** The sides of a rhombus are 5 cm long and the shorter diagonal 6 cm. Calculate the area of the rhombus.

**A** 12 cm$^2$      **B** 24 cm$^2$      **C** 25 cm$^2$      **D** 30 cm$^2$

**14** In triangle ABC, angle B=90°, AB=8 cm, BC=10 cm. Calculate AC.

**A** $3\sqrt{2}$ cm      **B** 6 cm      **C** $4\sqrt{41}$ cm      **D** $6\sqrt{5}$ cm

**15**

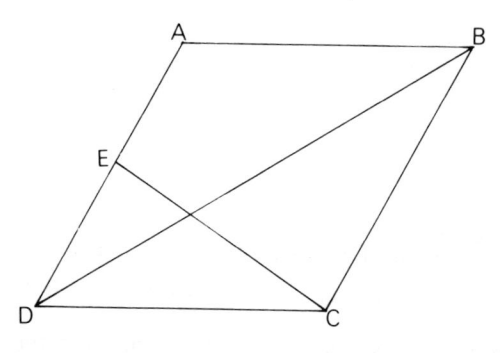

Figure 6

In Fig. 6, ABCD is a rhombus. AE=ED. Area EDC : Area ABCE =

**A** 1 : 3      **B** 1 : 4      **C** 4 : 1      **D** 3 : 1

**E** 2 : 1

**16** In Fig. 6, ABCD is a rhombus. AE=ED. Area EDC: Area BCD=

    **A** 1 : 2    **B** 1 : 3    **C** 1 : 4    **D** 3 : 1

**17** ABCD is a rhombus. Which of the following statements (is) are necessarily true? (i) AB=BC. (ii) AC is perpendicular to BD. (iii) AC bisects BD. (iv) BD bisects angle ADC.

    **A** none    **B** (i) & (ii) only    **C** (iii) & (iv) only    **D** all

**18**

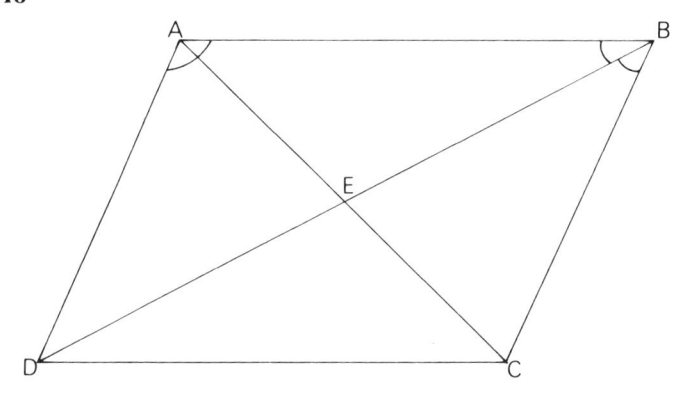

Figure 7

In Fig. 7, ABCD is a parallelogram. Angle DBC=30°. Angle ABD=20°. Calculate angle DAB.

    **A** 80°    **B** 130°    **C** 150°    **D** 160°

**19** In Fig. 7, ABCD is a parallelogram. Angle DBC=30°, angle ABD=20°, angle BEC=55°. Calculate angle DAC.

    **A** 75°    **B** 85°    **C** 95°    **D** 105°

**20** ABC is a triangle in which AB=6 cm, BC=7 cm, CA=8 cm. D is the midpoint of AC. Calculate BD.

    **A** $\sqrt{21}$ cm     **B** 5 cm     **D** $\sqrt{26}$ cm     **D** $\sqrt{\left(\dfrac{53}{2}\right)}$ cm

**21**

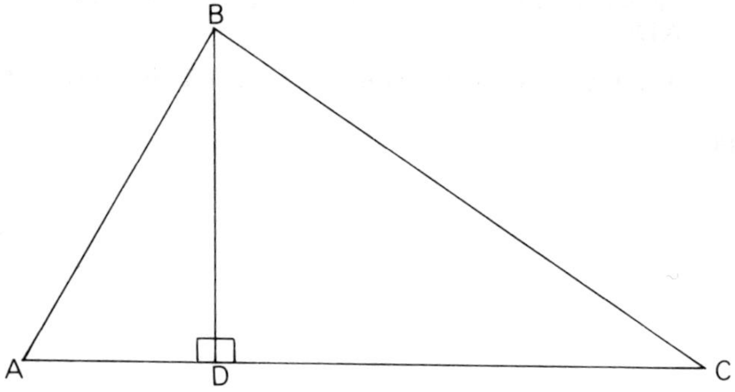

Figure 8

Fig. 8

In Fig. 8, angle ABC and angle BDC are right angles. AB=8 cm. BC=15 cm. Calculate BD.

    **A** 6 cm     **B** 6·1 cm     **C** $7\tfrac{1}{17}$ cm     **D** $7\tfrac{2}{15}$ cm

**22** The number of circles that can be drawn through any three points not in a straight line is

    **A** none     **B** one     **C** two     **D** Infinite

**23** The number of tangents that can be drawn to a circle from a point in the same plane outside the circle is

    **A** none     **B** one     **C** two     **D** infinite

**24**

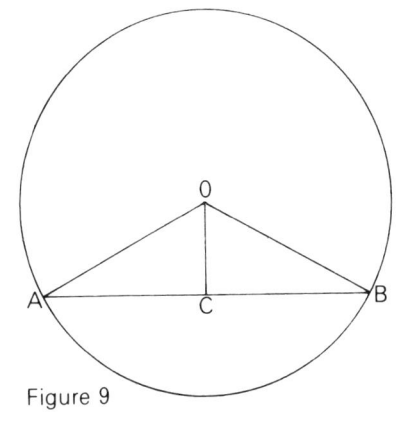

Figure 9

In Fig. 9, C is the midpoint of AB. OC=12 cm, and the radius of the circle is 20 cm. Find the length of the chord AB.

**A** 15 cm  **B** 16 cm  **C** 24 cm  **D** 32 cm

**25** A, B, C and D are four concyclic points. If angle DAC is 55°, calculate angle DBC.

**A** 35°  **B** 55°  **C** 110°  **D** 125°

**26** A, B, C and D lies on the circumference of a circle of centre E. If angle DBC=50°, find angle DEC.

**A** 40°  **B** 50°  **C** 100°  **D** 140°

**27**

Figure 10

In Fig. 10, ABC is a triangle right-angled at B. AB=10 cm, BC=24 cm, and D is the mid-point of AC. Calculate the length of BD.

**A** 10 cm  **B** $2\sqrt{15}$ cm  **C** 12 cm  **D** 12·5 cm

**E** 13 cm

**28**

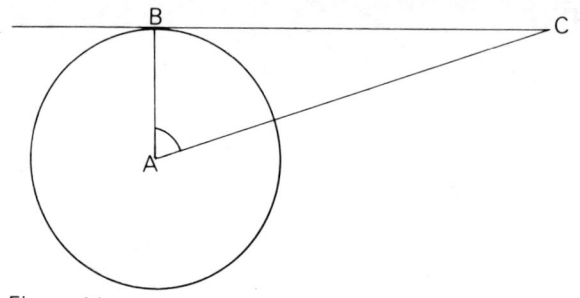

Figure 11

In Fig. 11, A is the centre of the circle and CB a tangent from C. If angle BAC is 70°, find angle BCA.

**A** 20°     **B** 30°     **C** 70°     **D** 90°

**29**

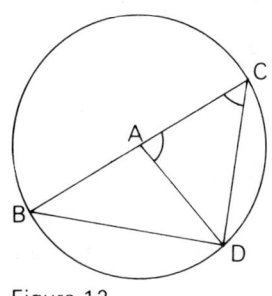

Figure 12

In Fig. 12, A is the centre of the circle and BC a diameter. If angle BCD=50°, find angle CAD.

**A** 50°     **B** 60°     **C** 80°     **D** 100°

**30**

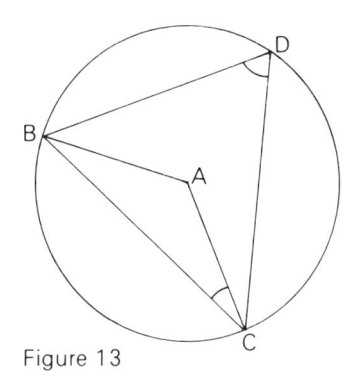

Figure 13

In Fig. 13, A is the centre of the circle. If angle BDC is 65°, find angle ACB.

**A** 25°    **B** 30°    **C** 65°    **D** 130°

**31** The angle subtended by a diameter of a circle at a point on the circumference is

**A** acute    **B** a right angle    **C** obtuse    **D** reflex

**32** If a circle can be drawn through four given points, then the points are

**A** concyclic    **B** equidistant    **C** collinear    **D** identical

**33** ABCD is a cyclic quadrilateral. If angle ABC is 125°, calculate angle CDA.

**A** 55°    **B** 62·5°    **C** 125°    **D** 235°

**34**

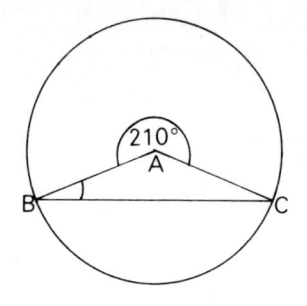

Figure 14

In Fig. 14, A is the centre of the circle. Calculate angle ABC.

**A** 10°  **B** 15°  **C** 30°  **D** 150°

**35**

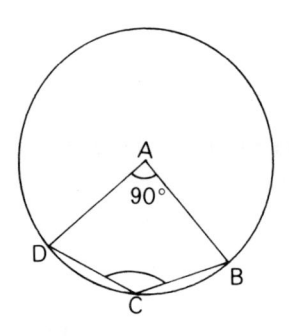

Figure 15

In Fig. 15, A is the centre of the circle. Calculate angle BCD.

**A** 90°  **B** 110°  **C** 135°  **D** 150°

**36**

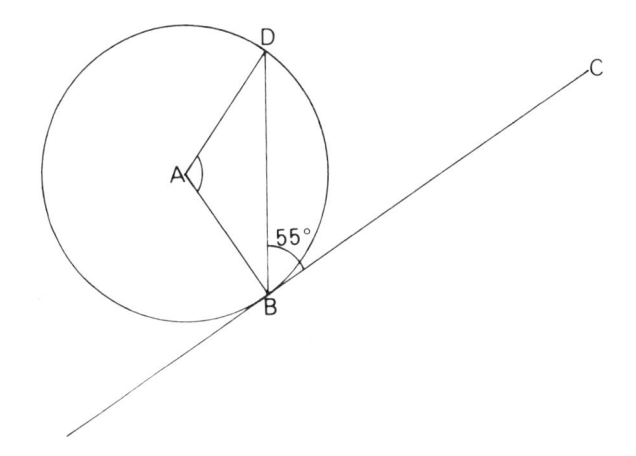

Figure 16

In Fig. 16, A is the centre of the circle, and CB is a tangent. Calculate angle BAD.

**A** 35°  **B** 55°  **C** 90°  **D** 110°

**E** 120°

**37**

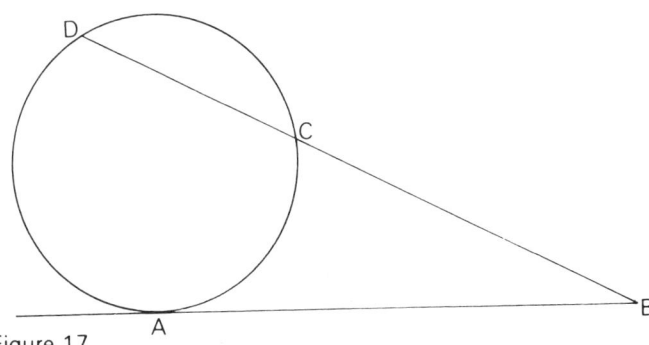

Figure 17

In Fig. 17, BA is a tangent to the circle. BA=6 cm. BD=9 cm. Calculate the length of chord CD.

**A** 4 cm  **B** 5 cm  **C** 6 cm  **D** $3\sqrt{6}$ cm

**38** The opposite angles of a cyclic quadrilateral are necessarily

**A** supplementary  **B** complementary  **C** equal  **D** obtuse

**39**

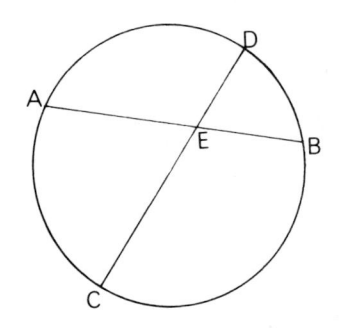

Figure 18

In Fig. 18, AE=6 cm. EB=4 cm. CE=8 cm. Calculate the length of chord CD.

**A** 3 cm      **B** 10 cm      **C** 11 cm      **D** 12 cm

**40**

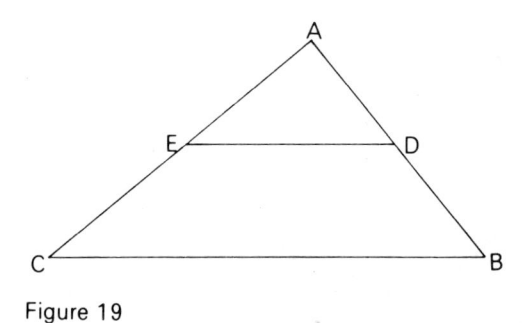

Figure 19

In Fig. 19, ED is parallel to CB. AD=2 cm. AB=6 cm. AC=8 cm. Calculate the length of EC.

**A** $2\frac{2}{3}$ cm      **B** 4 cm      **C** $5\frac{1}{3}$ cm      **D** 6 cm

**41**

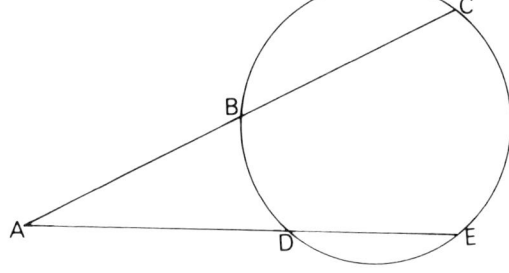

Figure 20

Fig. 20

In Fig. 20, AB=BC=4 cm. AD=5 cm. Find the length of chord DE.

**A** 1·4 cm    **B** 1·6 cm    **C** 3·2 cm    **D** 6·4 cm

**42**

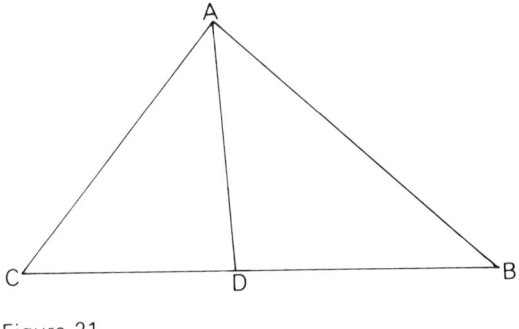

Figure 21

In Fig. 21, angle BAD=angle CAD. AB=6 cm, AC=10 cm, BC=12 cm. Calculate BD.

**A** 4 cm    **B** 4·5 cm    **C** 7·5 cm    **D** 8 cm

**43**

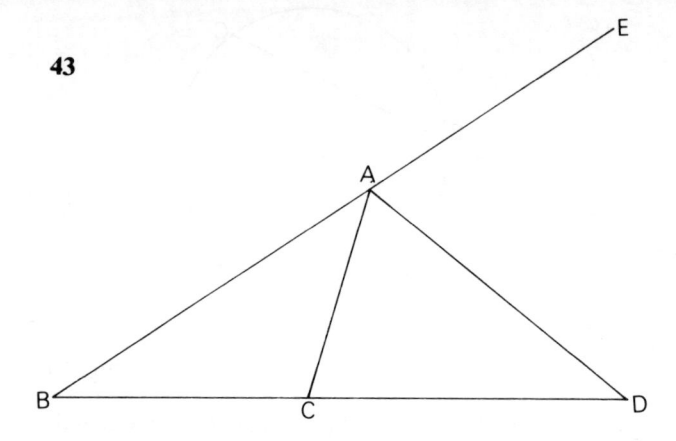

Figure 22

In Fig. 22, angle EAD=angle CAD. AB=6 cm. AC=3 cm. BD=14 cm. Calculate the length of BC.

**A** 6 cm  **B** 7 cm  **C** 10 cm  **D** 14 cm

**44** ABC and DEF are similar triangles. If AB=2DE, and the area of triangle ABC is 28 cm², calculate the area of triangle DEF.

**A** 7 cm²  **B** 14 cm²  **C** 56 cm²  **D** 112 cm²

**45** ABCD is a plane figure in which AB=BC=12 cm, and CD=DA=20 cm. ABCD is a (i) quadrilateral, (ii) rhombus, (iii) kite, (iv) parallelogram.

**A** (i) (ii) and (iv)  **B** (iii) & (iv)  **C** (i) and (iii)

**D** (i) (ii) and (iii)

**46** Which of the following figures have diagonals necessarily at right angles to each other? (i) rhombus, (ii) kite, (iii) square, (iv) trapezium.

**A** All  **B** (i) (ii) and (iii)  **C** (i) (ii) and (iv)  **D** none

**47** The centre of the inscribed circle of a triangle lies at the point of intersection of

**A** the medians
**B** the perpendicular bisectors of the sides of the triangle
**C** the bisectors of the internal angles of the triangle
**D** none of these

**48**

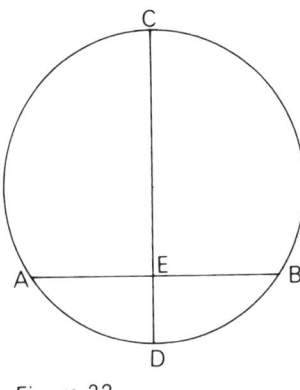

Figure 23

Fig. 23

In Fig. 23, CD is a diameter of a circle of radius 5 cm. AB is a chord perpendicular to CD. ED = 2 cm. Calculate the length of AB.

**A** 3 cm  **B** 4 cm  **C** 6 cm  **D** 8 cm

**E** 8·5 cm

**49** The bearing of C from B is 0°. The bearing of B from A is 90°. A is 2 km from C and 1 km from B. Calculate the bearing of C from A.

**A** 30°  **B** 60°  **C** 210°  **D** 240°

**E** 270°

**50** Y is 1 km from X and 1 km from Z. The bearing of Y from Z is 180° and the bearing of X from Y is 270°. Calculate the bearing of X from Z.

**A** 45°  **B** 90°  **C** 135°  **D** 225°

**51** B and C are each 10 km from D. The bearing of C from D is 140°. The bearing of C from B is 90°. Calculate the bearing of B from D.

**A** 40°  **B** 50°  **C** 130°  **D** 220°

**52**

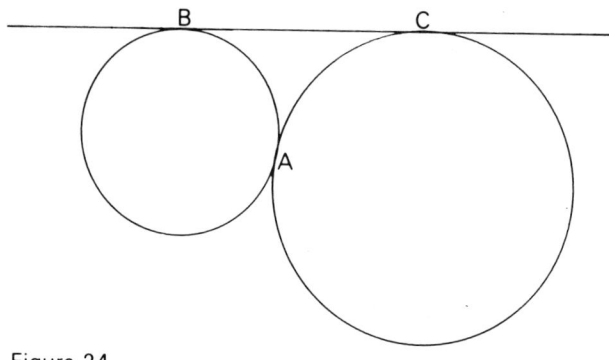

Figure 24

In Fig. 24, two circles of radii 8 cm and 18 cm respectively, touch at the point A. Find the length of the common tangent BC.

**A** 10 cm  **B** 20 cm  **C** 24 cm  **D** 26 cm

**53**

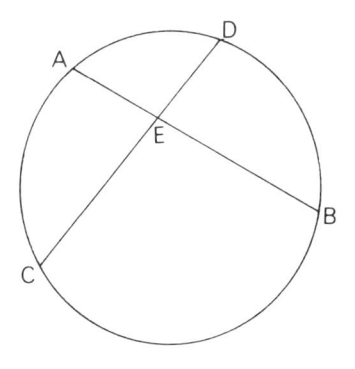

Figure 25

In Fig. 25, CE=7 cm, CD=11 cm, AE=5 cm. Calculate the length of AB.

**A** 10·6 cm    **B** 11 cm    **C** $12\frac{8}{11}$ cm    **D** 15·4 cm

**54** The locus of a point that moves in a given plane, remaining always a constant distance from a given point is

**A** a circle      **B** a sphere      **C** a point

**D** the bisector of an internal angle of a triangle

**55** X, Y and Z lie at the vertices of an equilateral triangle. From Y, X lies on a bearing N 40° E, (040°). What is the bearing of Z from X?

**A** 170° E    **B** 160° E    **C** 190° W    **D** 340° W

**56** The sum of the interior angles of an octagon is

**A** 1·5 right angles    **B** 10 right angles    **C** 12 right angles

**D** 16 right angles

**57** The diagonals of a parallelogram are equal, bisect each other, but are not at right angles. The parallelogram is

**A** a square    **B** a rectangle    **C** a rhombus    **D** a kite

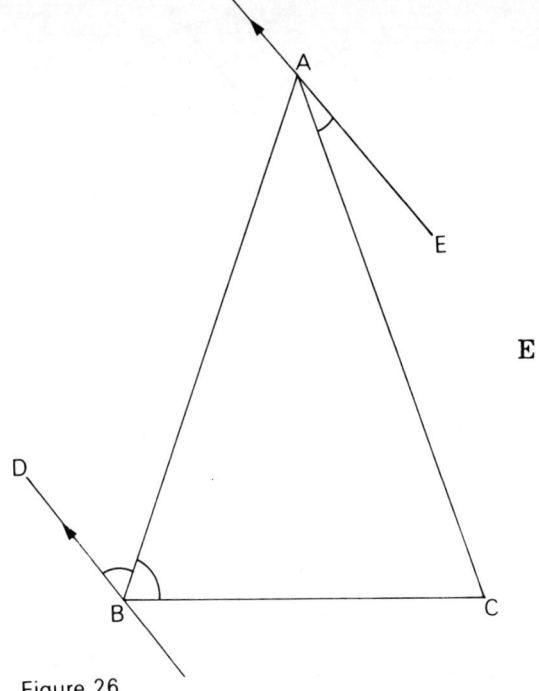

Figure 26

In Fig. 26, ABC is an isosceles triangle in which AB=AC and angle ABC=70°. DB is parallel to AE. Angle DBA=60°. Find angle EAC.

**A** 10°  **B** 20°  **C** 30°  **D** 35°

**59** The sides of a rhombus are of unit length. One diagonal is also of unit length. What is the length of the other diagonal?

**A** $\frac{\sqrt{3}}{2}$ units  **B** 1 unit  **C** $\sqrt{2}$ units  **D** $\sqrt{3}$ units

**60** A cuboid measures 3 cm by 4 cm by 5 cm. How long is the diagonal of the cuboid?

**A** 5 cm  **B** $\sqrt{41}$ cm  **C** $5\sqrt{2}$ cm  **D** 12 cm

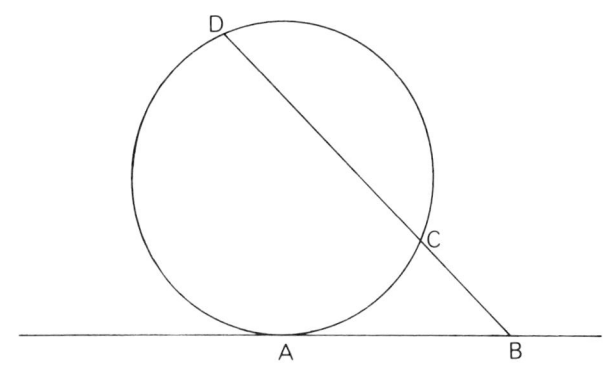

Figure 27

In Fig. 27, BA is a tangent to the circle at A. CD is 12 units in length, and BC is 4 units. Calculate the length of AB.

**A** 6 units     **B** $4\sqrt{3}$ units    **C** 8 units     **D** 10 units

**62**

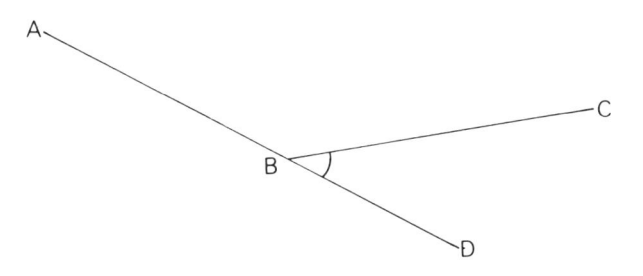

Figure 28

In Fig. 28, AB and BC are sides of a regular polygon. Angle CBD = 36°. How many sides has the polygon?

**A** 9          **B** 10        **C** 11         **D** 12

**E** 15

**63**

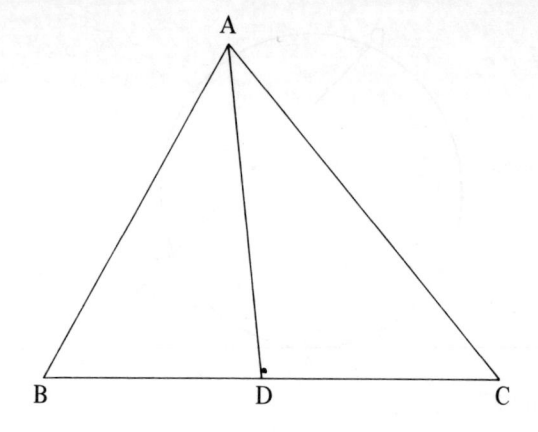

Fig. 29

In Fig. 29, AB=5 cm, AC=7 cm, BD=2·5 cm and angle BAD=angle CAD. Calculate DC.

**A** 2·5 cm     **B** 3 cm     **C** 3·5 cm     **D** 6 cm

**64**

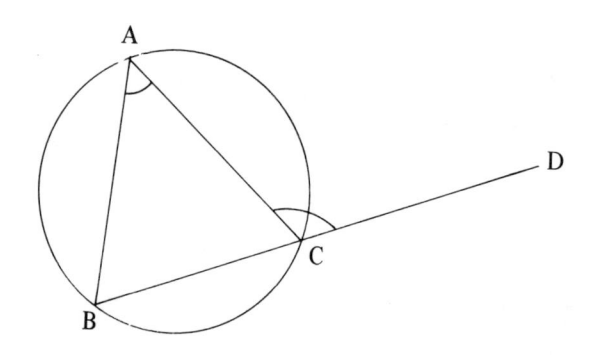

Fig. 30

In Fig. 30, angle ACD=110° and AC=AB. Find angle BAC.

**A** 30°     **B** 35°     **C** 40°     **D** 45°

**65**

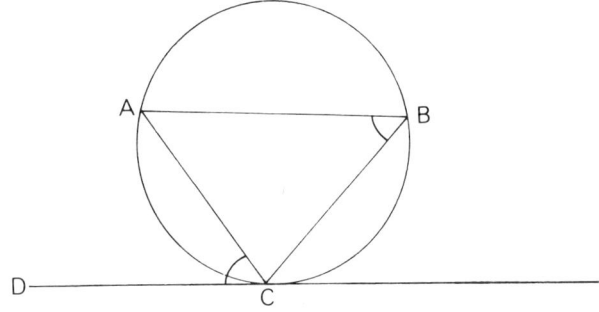

Figure 31

In Fig. 31, angle DCA=40°. Find angle ABC.

**A** 20°      **B** 40°      **C** 50°      **D** 80°

**66**

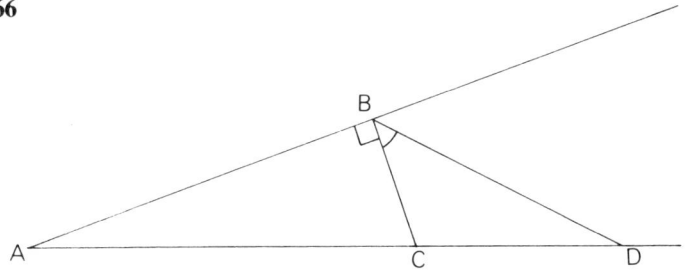

Figure 32

In Fig. 32, angle ABC is a right angle, angle CBD=45°, AB=6 cm, BC=2 cm. Calculate the length of CD.

**A** $\sqrt{\binom{5}{2}}$ cm    **B** 3 cm      **C** $\sqrt{10}$ cm      **D** 4 cm

**67** The centre of the circumcircle of a triangle lies at the point of intersection of

**A** the medians
**B** the perpendicular bisectors of the sides
**C** the bisectors of the internal angles
**D** none of these

**68**

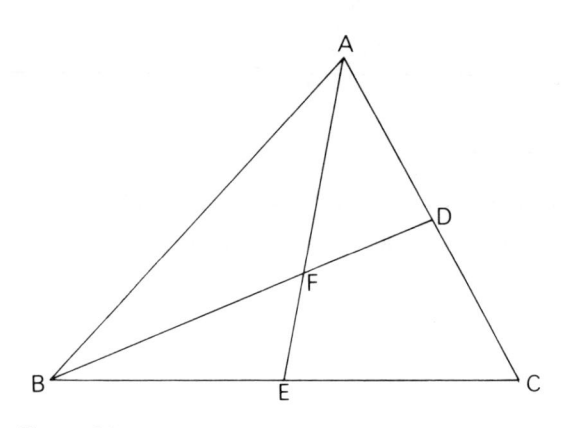

Figure 33

In Fig. 33, AD=DC and BE=EC. The ratio of the area of triangle BEF to the area of triangle ABC is

**A** 1 : 6      **B** 1 : 5      **C** 2 : 9      **D** 1 : 4

**69** In Fig. 33, AD=DC and BE=EC. If the area of triangle ABC is 12 cm², find the area of quadrilateral DCEF.

**A** 2 cm²      **B** 3 cm²      **C** 4 cm²      **D** $\sqrt{23}$ cm²

**70** Triangle ABC is right-angled at B. AC=20 cm and BC=17 cm. Calculate AB.

**A** 3 cm      **B** 9 cm      **C** $\sqrt{101}$ cm      **D** $\sqrt{111}$ cm

**71**

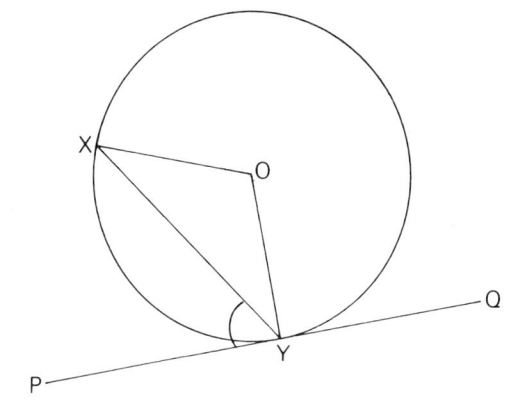

Figure 34

In Fig. 34, O is the centre of the circle. PYQ is a tangent. If angle PYX=65°, calculate angle XOY.

**A** 65°  **B** 115°  **C** 130°  **D** 155°

**72**

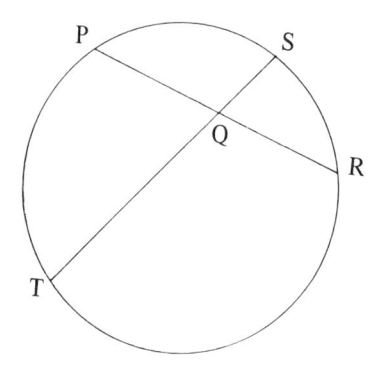

Fig. 35

In Fig. 35, Q is the midpoint of PR. TQ is 8 units in length and PR is 10 units. Calculate the length of SQ.

**A** 2 units  **B** 3·125 units  **C** 10 units  **D** 12·5 units

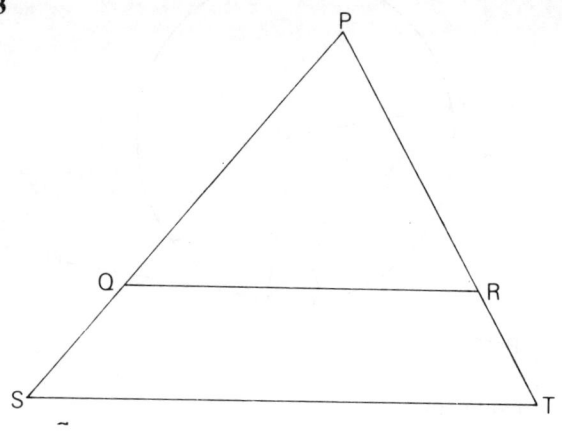

Figure 36

Fig. 36

In Fig. 36, PQ=2QS and QR is parallel to ST. If the area of triangle PST is 27 sq. units, find the area of triangle PQR.

**A** 9 sq. units     **B** 12 sq. units     **C** 13·5 sq. units

**D** 18 sq. units

74 A cuboid measures 7 cm by 24 cm by 25 cm. Find the length of a diagonal.

**A** $7\sqrt{2}$ cm    **B** 18·7 cm    **C** $24\sqrt{2}$ cm    **D** $25\sqrt{2}$ cm

75 One angle of a rhombus is 30°, and the area is 24·5 cm². Find the length of a side.

**A** 6·125 cm    **B** 7 cm    **C** 7·5 cm    **D** 8·17 cm

**76**

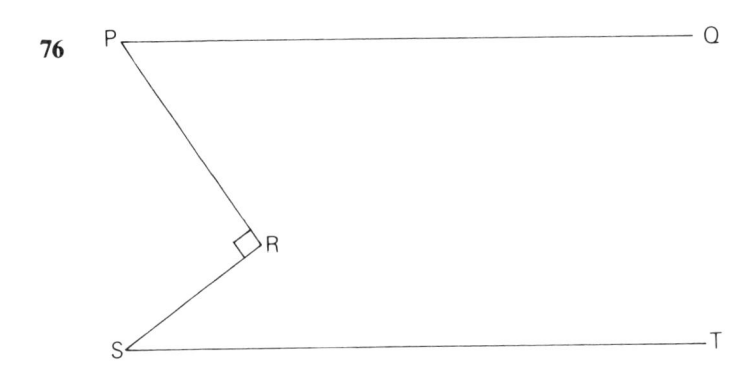

Figure 37

In Fig. 37, PQ and ST are parallel. Angle PRS is a right angle. Angle QPR is 40°. Find angle RST.

**A** 40°   **B** 45°   **C** 50°   **D** 55°
**E** 60°

**77**

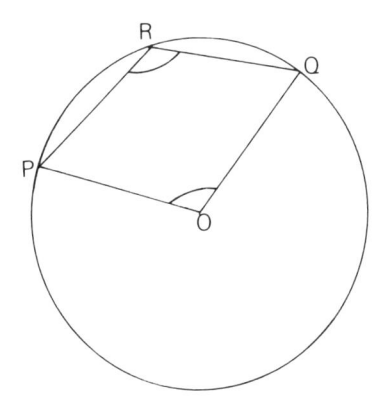

Figure 38                                           Fig. 38

In Fig. 38, O is the centre of the circle. If angle POQ=110°, find angle PRQ.

**A** 110°   **B** 125°   **C** 135°   **D** 140°

**78** A triangle has sides of 16 cm, 30 cm and 34 cm respectively. What is the area?

**A** 240 cm²    **B** 250 cm²    **C** 264 cm²    **D** 275 cm²

**79** If two circles are concentric, how many common tangents must they necessarily have?

**A** none    **B** one    **C** two    **D** four

**80**

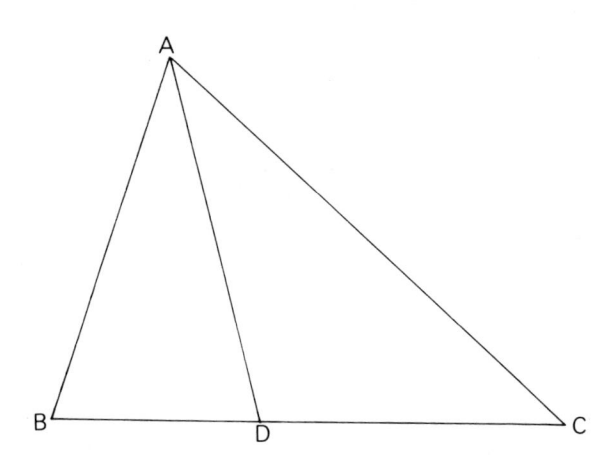

Figure 39

In Fig. 39, angle BAD = angle CAD and AB = $\frac{2}{3}$AC. If the area of triangle ABC = 40 sq. units, find the area of triangle BAD.

**A** 8 sq. units    **B** $13\frac{1}{3}$ sq. units    **C** 16 sq. units

**D** $26\frac{1}{3}$ sq. units

# TRIGONOMETRY

**1** $\tan \frac{\pi}{4} =$

   **A** $\frac{1}{\sqrt{2}}$     **B** $\frac{\sqrt{3}}{2}$     **C** 1     **D** $\sqrt{2}$

**2** $\sin 90° =$

   **A** $-1$     **B** 0     **C** $\frac{\sqrt{3}}{2}$     **D** 1

**3** $\sin 75° =$

   **A** $1 - \sin 15°$     **B** $\tan 15$     **C** $1 - \cos 75°$     **D** $\frac{1}{\cos 15°}$
   **E** $\cos 15°$

**4** $\cos 60° =$

   **A** $\frac{1}{2}$     **B** $\frac{1}{\sqrt{2}}$     **C** $\frac{\sqrt{3}}{2}$     **D** $\sqrt{3}$

**5** $\frac{1}{\sqrt{2}}$ is the value of

   **A** $\cos 30°$     **B** $\cos 60$     **C** $\sin 45°$     **D** $\tan 45°$

**6** If $\sin A = 0.8$, $\tan A =$

   **A** $\frac{4}{3}$     **B** $\frac{3}{4}$     **C** $\frac{5}{3}$     **D** $\frac{5}{4}$

**7** $\tan 0° =$

   **A** $-1$     **B** 0     **C** 1     **D** $\infty$

**8** $\frac{\sqrt{3}}{2}$ is the value of

   **A** $\cos 60°$     **B** $\tan 30$     **C** $\sin 30°$     **D** $\cos 30°$

**9** If $\tan (x+30)° = 1$, find the numerically smallest value of x.

   **A** $-29$     **B** 15     **C** 45     **D** 60

**10** If $\sin A = \frac{7}{25}$ and angle A is acute, which of the following statement(s) is/are true?

(i) $\cos A = \frac{24}{25}$  (ii) $\frac{1}{\tan A} = \frac{24}{7}$  (iii) $\tan A = \frac{25}{7}$

(iv) Angle $A = 75°$

**A** (i) and (ii)  **B** (iii) and (iv)  **C** (i) and (iii)  **D** (ii) only

**11** $\tan 40° =$

**A** $\sin 50°$  **B** $\cos 140°$  **C** $\frac{1}{\tan 50°}$  **D** $-\tan 50°$

**12** $+\sqrt{2}$ is the value of

**A** $\sin 60°$  **B** $\frac{1}{\sin 45°}$  **C** $\cos 45°$  **D** $\tan 60°$

**E** $\tan 45°$

**13** $\cos 120° =$

**A** $-\frac{1}{2}$  **B** $-\frac{\sqrt{3}}{2}$  **C** $\frac{1}{2}$  **D** $\frac{\sqrt{3}}{2}$

**14** If x is an obtuse angle, and $\tan(x+30)° = -1$, find the value of x.

**A** $-31$  **B** 15  **C** 105  **D** 115

**15** If A is an obtuse angle, and $\sin A = \frac{4}{5}$, find $\cos A$.

**A** $-\frac{4}{5}$  **B** $-\frac{3}{5}$  **C** $\frac{3}{5}$  **D** $\frac{4}{3}$

**16** $\tan 150° =$

**A** $-\sqrt{3}$  **B** $\frac{-1}{\sqrt{3}}$  **C** $\frac{1}{\sqrt{3}}$  **D** $\sqrt{3}$

**17** If A is acute and $\tan(180-A)° = \frac{-7}{24}$, $\sin A =$

**A** $\frac{-24}{25}$  **B** $\frac{-7}{25}$  **C** $\frac{7}{24}$  **D** $\frac{7}{25}$

**18** If A = 30°, $\frac{1}{2}$ sin 2A =

    **A** $\frac{\sqrt{3}}{4}$      **B** $\frac{3}{4}$      **C** 1      **D** $\sqrt{3}$

**19** cos π =

    **A** −1      **B** 0      **C** 1      **D** 3·14

**20** 2 sin $\frac{\pi}{2}$ =

    **A** −2      **B** 0      **C** $\frac{1}{2}$      **D** 2

**21** sin 30° + sin 60° =

    **A** 1      **B** $\frac{1+\sqrt{3}}{2}$      **C** $1+\frac{\sqrt{3}}{2}$      **D** $\frac{1}{2}+\sqrt{3}$

**22** 2 tan 135° =

    **A** −2      **B** −1      **C** 2      **D** ∞

**23** cos $\frac{2\pi}{3}$ =

    **A** $-\frac{1}{2}$      **B** −1      **C** 1      **D** $\frac{\sqrt{3}}{2}$

**24** If A is obtuse, and sin (180−A)° = +½ $\sqrt{3}$, angle A =

    **A** 30°      **B** 60°      **C** 120°      **D** 150°

**25** tan $\frac{5\pi}{6}$ =

    **A** $-\sqrt{3}$      **B** $\frac{-1}{\sqrt{3}}$      **C** $\frac{1}{\sqrt{3}}$      **D** $\sqrt{3}$

    **E** 1

**26** 2 cos $\frac{\pi}{3}$ =

    **A** −1      **B** $\frac{-2}{\sqrt{3}}$      **C** $\frac{2}{\sqrt{3}}$      **D** 1

**27** If A is obtuse and $\sin A = \frac{8}{17}$, find the value of cos A.

    **A** $\frac{-17}{8}$      **B** $\frac{-15}{17}$      **C** $\frac{15}{17}$      **D** $\frac{17}{8}$

**28** If A is acute, and cos A = 0·96, find the value of tan $(180-A)°$

    **A** $\frac{-7}{24}$      **B** $-0·28$      **C** $0·04$      **D** $0·28$

**29** $\cos \pi =$

    **A** $-1$      **B** $0$      **C** $1$      **D** $\infty$

**30** If A is obtuse, and $\cos^2 A = 0·5$, find the value of tan $(180-A)°$

    **A** $-1$      **B** $-0·5$      **C** $0·5$      **D** $1$

**31** If A is acute, and $\tan^2 A = 5·76$, find the value of cos A.

    **A** $\frac{5}{13}$      **B** $\frac{5}{12}$      **C** $\sqrt{(5·76)}$      **D** $2·4$

**32** Find the value of the acute angle A if cos $(180-A)° = -0·5$.

    **A** $30°$      **B** $60°$      **C** $120°$      **D** $150°$

**33** $\tan 240° =$

    **A** $-\sqrt{3}$      **B** $\frac{-1}{\sqrt{3}}$      **C** $\frac{1}{\sqrt{3}}$      **D** $\sqrt{3}$

**34** $\sin \frac{5\pi}{4} =$

    **A** $-\sqrt{2}$      **B** $\frac{-1}{\sqrt{2}}$      **C** $\frac{1}{\sqrt{2}}$      **D** $\sqrt{2}$

**35** If $\sin A = \frac{15}{17}$, and A is acute, find cos $(90-A)°$

    **A** $\frac{8}{17}$      **B** $\frac{15}{17}$      **C** $\frac{17}{15}$      **D** $\frac{17}{8}$

**36** If $\tan A = \frac{4}{3}$, find $\tan (90 - A)°$

    **A** $\frac{3}{5}$      **B** $\frac{3}{4}$      **C** $\frac{4}{5}$      **D** $\frac{4}{3}$

    **E** $\frac{3}{2}$

**37** $\cos 210° =$

    **A** $\frac{-\sqrt{3}}{2}$      **B** $-\frac{1}{2}$      **C** $\frac{1}{2}$      **D** $\frac{\sqrt{3}}{2}$

**38** $2 \cos^2 \pi =$

    **A** $-2$      **B** $0$      **C** $2$      **D** $4$

**39** If A is obtuse, and $\sin A = 0.28$, which of the following ratios is equal to $-0.96$?

    **A** $\cos (180 - A)°$      **B** $\tan A$      **C** $\tan (180 - A)°$      **D** $\cos A$

**40** $\sin 330° =$

    **A** $\frac{-\sqrt{3}}{2}$      **B** $-\frac{1}{2}$      **C** $\frac{1}{2}$      **D** $\frac{\sqrt{3}}{2}$

**41** If A is acute and $\cos A = \frac{3}{5}$, $\tan (360 - A)° =$

    **A** $\frac{-4}{3}$      **B** $\frac{-3}{4}$      **C** $\frac{3}{4}$      **D** $\frac{4}{3}$

**42** If A is reflex, and $\cos A = \frac{-5}{13}$, $\tan (360 - A)° =$

    **A** $\frac{-12}{5}$      **B** $\frac{-5}{12}$      **C** $\frac{5}{12}$      **D** $\frac{12}{5}$

**43** $\sin^2 60° + \cos^2 60° =$

    **A** $1$      **B** $\frac{1 + \sqrt{3}}{2}$      **C** $4$      **D** $7200$

**44** $\sin 75° \times \frac{1}{\cos 75°} =$

    **A** $\sin 75° \cos 15°$      **B** $\frac{1}{\cos 15° \cos 75°}$      **C** $\tan 75°$

    **D** $\tan 15°$

**45** If $\tan x = \frac{12}{5}$, evaluate $\sin^4 x - \cos^4 x$

   **A** $\frac{5}{12}$     **B** $\frac{119}{169}$     **C** $\frac{144}{169}$     **D** 1

**46** In triangle ABC, AB=5 cm, BC=12 cm, angle B=100°. Which of the following statement(s) is(are) true?

  (i) AC <13 cm

  (ii) AC >17 cm

  (iii) 17 cm>AC>13 cm

  (iv) angle A<80°

  **A** (i) only    **B** (ii) and (iv)    **C** (iii) and (iv)    **D** (iv) only

**47** In triangle ABC, AB=6 cm, BC=8 cm, CA=11 cm. Which of the following statements are true?

(i) $\sin A > \frac{4}{5}$ (ii) $\sin A < \frac{4}{5}$ (iii) $\cos A > \frac{3}{5}$ (iv) $\cos A < \frac{3}{5}$

  **A** (i) and (iii)   **B** (i) and (iv)   **C** (ii) and (iii)   **D** (ii) and (iv)

**48** sec x is the reciprocal of

  **A** sin x      **B** tan x      **C** log x      **D** cos x

**49** If A, B and C are the angles of a triangle, A is acute, and $\sin A = \frac{15}{17}$, evaluate $\tan(B+C)$

  **A** $-1\cdot875$    **B** $\frac{-8}{15}$    **C** $\frac{8}{15}$    **D** $1\cdot875$

  **E** $\frac{2}{17}$

**50** cot x is the reciprocal of

  **A** sin x      **B** tan x      **C** log x      **D** cos x

**51** Given $\sin \frac{\pi}{8} = 0\cdot38$ and $\cos \frac{\pi}{8} = 0\cdot92$, evaluate $\tan \frac{15\pi}{8}$

  **A** $-0\cdot54$    **B** $-0\cdot41$    **C** $0\cdot54$    **D** $1\cdot30$

**52** If x is obtuse, and $\cos x = \frac{-2}{5}$, find the value of $\sin(180-x)°$

  **A** $\frac{-\sqrt{21}}{5}$    **B** $\frac{-4}{5}$    **C** $\frac{4}{5}$    **D** $\frac{+\sqrt{21}}{5}$

**53** Find the value of the reflex angle x if $\sqrt{2}(\tan x) - 1 = 0$

  **A** $45°$    **B** $60°$    **C** $210°$    **D** $225°$

**54** The side of an equivalent triangle is 18 cm. Find the perpendicular height.

  **A** $3\sqrt{3}$ cm    **B** 9 cm    **C** $9\sqrt{3}$ cm    **D** 18 cm

**55** Evaluate $\sec^2 75° - \tan^2 75°$

  **A** 0    **B** $\frac{1}{4}$    **C** $\frac{1}{2}$    **D** 1

  **E** $\frac{3}{2}$

**56** A triangle ABC has AB = 10 cm, BC = 7 cm, angle A = 30°. How many different triangles can be drawn to this specification?

  **A** none    **B** 1    **C** 2    **D** 3

**57** A triangle has AB = 4 cm, BC = 8 cm, CA = 12 cm. What is its area?

  **A** zero    **B** 16 cm²    **C** 24 cm²    **D** 48 cm²

**58** In triangle ABC, AB = 4 cm, BC = 2 cm, CA = 3 cm. Find the value of sin A.

  **A** $\frac{1}{8}$    **B** $\frac{\sqrt{15}}{8}$    **C** $\frac{3}{4}$    **D** $\frac{7}{8}$

**59** In triangle ABC, $\frac{\sin A}{\sin B} = 0.8$. Find the ratio of the side opposite angle B to the side opposite angle A.

  **A** 1 : 5    **B** 4 : 5    **C** 5 : 4    **D** 5 : 1

**60** $\cos \dfrac{7\pi}{4} =$

    **A** $-\sqrt{2}$     **B** $\dfrac{-1}{\sqrt{2}}$     **C** $\dfrac{1}{+\sqrt{2}}$     **D** $+\sqrt{2}$

**61** The base diameter of a cone is the same as its slant height. Its semi-vertical angle is

    **A** $30°$     **B** $45°$     **C** $60°$     **D** $90°$

**62**

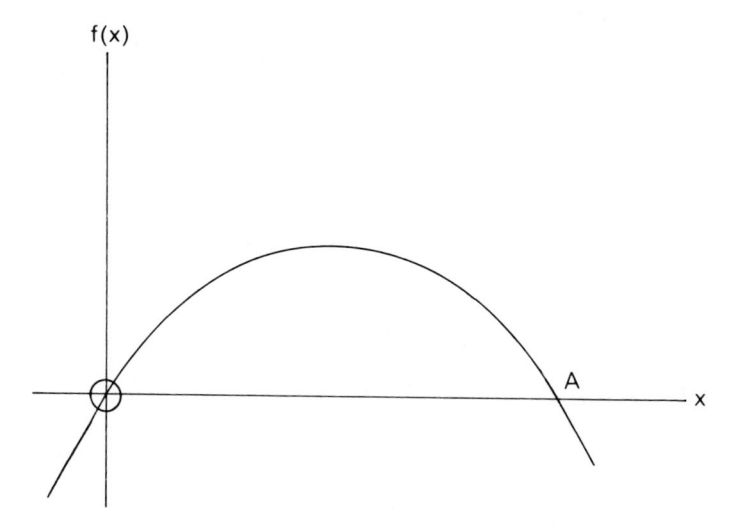

Figure 1

Figure 1 is a sketch of $f(x) = \sin x$. The value of x at point A is

    **A** 1     **B** $\dfrac{\pi}{2}$     **C** $\pi$     **D** $2\pi$

**63**

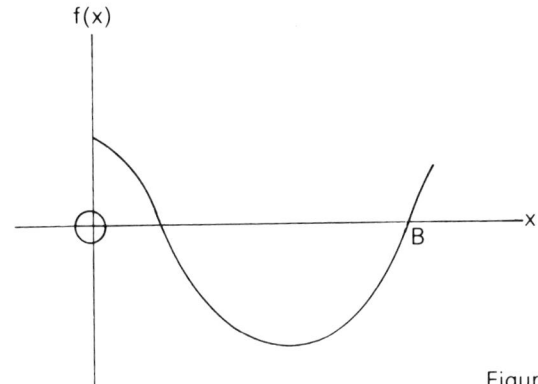

Figure 2

Figure 2 is a sketch of f(x)=cos 2x. The value of x at point B is

**A** $\frac{3\pi}{4}$      **B** $\pi$      **C** $\frac{3\pi}{2}$      **D** $2\pi$

**64**

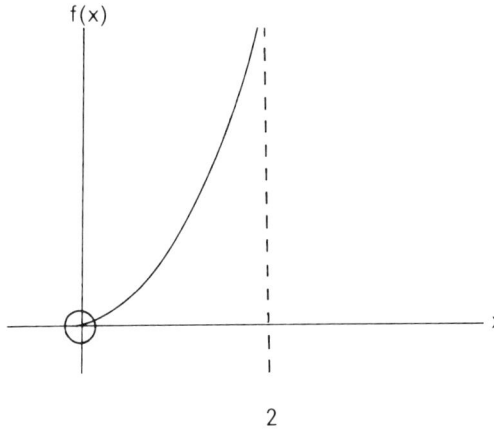

Figure 3

Figure 3 is a sketch of a trigonometric function of x. The function could be

**A** sin x     **B** cos x     **C** tan x     **D** cot x

**65**

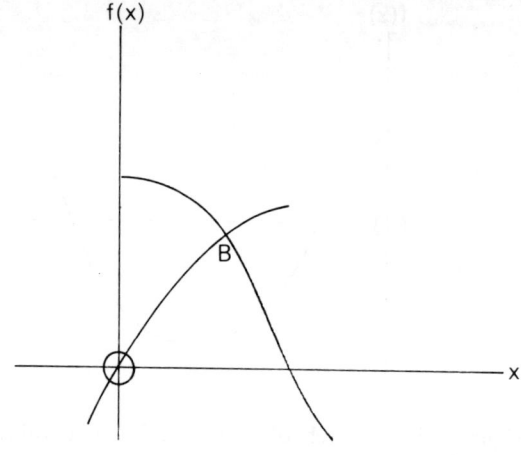

[Figure 4: sketch showing y=sin x and y=cos x curves intersecting at point B, with f(x) vertical axis and x horizontal axis]

Figure 4

Figure 4 is a sketch of y=sin x and y=cos x. The point B, at which the graphs intersect, gives a solution of the equation

**A** $\sin x + \cos x = 0$   **B** $\sin x \cos x = 1$

**C** $\sin x + \cos x = \dfrac{\pi}{4}$   **D** $\tan x = 1$

**66** Which of the following statement(s) is(are) true?

(i) $\dfrac{\sin 100°}{\cos 100°} > \tan 100°$

(ii) $\sin 45° + \cos 45° < 1$

(iii) $\sin^2 145° + \cos^2 145° > 1$

(iv) $\sin \dfrac{3\pi}{4} < 1$

**A** (i) and (iii)   **B** (ii) and (iv)   **C** (ii) only   **D** (ii) and (iii)
**E** (iv) only

**67** If x is a reflex angle, and $2 \sin \frac{x}{2} = \sqrt{3}$, find the value of x.

    **A** 210°    **B** 240°    **C** 300°    **D** 330°

**68** If A and B are any two positive angles whose sum is 90°, which of the following statement(s) is(are) necessarily true?

  (i) $\sin A = \cos B$
  (ii) $\sin A = \cos (90-B)°$
  (iii) $\tan A = \tan (90-B)°$
  (iv) $\cos A = \tan B$

  **A** (i) and (iii)  **B** (ii) and (iv)  **C** (i) only  **D** (i), (ii) and (iv)

  **E** (i), (iii) and (iv)

**69** If x is acute and $\sin x = \frac{5}{13}$, $\sec x =$

    **A** $\frac{12}{13}$    **B** $\frac{13}{12}$    **C** $\frac{12}{5}$    **D** $\frac{13}{5}$

**70** If x is obtuse and $\cos x = \frac{24}{25}$, $\operatorname{cosec} x =$

    **A** $\frac{7}{25}$    **B** $\frac{7}{24}$    **C** $\frac{25}{24}$    **D** $\frac{25}{7}$

**71** $\tan 300° =$

    **A** $-\sqrt{3}$    **B** $\frac{-1}{\sqrt{3}}$    **C** $\frac{1}{\sqrt{3}}$    **D** $+\sqrt{3}$

**72** If x is acute and $\sin^2 2x = 0.5$, find x.

    **A** $22\frac{1}{2}°$    **B** 30°    **C** 45°    **D** 90°

**73** Two sides of a triangle are 3 cm and 4 cm, and the included angle is 60°. What is the length of the third side?

    **A** $(5-2\sqrt{6})$ cm  **B** $\sqrt{13}$ cm  **C** $(5+2\sqrt{6})$ cm  **D** 13 cm

**74** If $A = \frac{\pi}{2}$, $2 \tan \frac{A}{2} =$

    **A** $\frac{1}{\sqrt{2}}$    **B** 1    **C** 2    **D** $\infty$

**75** Which of the following statements cannot be true?

(i) cos x = 0·5
(ii) sec x = 0·5
(iii) tan x = 9·9
(iv) sin x = 1·4

**A** (i) and (iii)    **B** (ii) and (iv)    **C** (iii) only    **D** (i) and (iv)    **E** (iv) only

**76** If x is acute, and $\sin^2 x = \frac{5}{9}$, find cos x.

    **A** $\frac{4}{9}$      **B** $\frac{5}{9}$      **C** $\frac{2}{3}$      **D** $\frac{7}{9}$

**77** $\tan \frac{\pi}{2} =$

    **A** −1      **B** 0      **C** 1      **D** ∞

**78** The two equal sides AB and BC of an isosceles triangle are each 6 cm long. The angle ABC is 120°. Find the length of the altitude through B.

    **A** 3 cm      **B** 3√3 cm      **C** 6 cm      **D** 6√3 cm

**79** If $x = \frac{\pi}{2}$, sin 3x =

    **A** −1      **B** 0      **C** 1      **D** 3

**80** If sin x = 0·4, cosec x =

    **A** −0·6      **B** −0·4      **C** 0·6      **D** 2·5

## CALCULUS

**1** If $y = 3x^2 - 4x + 1$, $\dfrac{dy}{dx} =$

   **A** $6x - 4$     **B** $6$     **C** $6x - 3$     **D** $x^3 - 2x^2 + x$

**2** Differentiate $5x^3 + 2x - 1$ with respect to x.

   **A** $15x + 2$     **B** $15x^2 + x + 2$     **C** $15x^2 + 2$     **D** $15x^2 + 1$

**3** If $y = 3x^2 - \dfrac{3}{x^2}$, $\dfrac{dy}{dx} =$

   **A** $6x - \dfrac{6}{x^3}$     **B** $6x + \dfrac{6}{x^3}$     **C** $6x + \dfrac{6}{x}$     **D** $6x - \dfrac{6}{x}$

**4** If $y = 4x^3 - 2x^{-2}$, $\dfrac{dy}{dx} =$

   **A** $12x^2 - 4x^{-1}$     **B** $12x^2 - 4x^{-3}$     **C** $12x^2 + 4x^{-3}$

   **D** $12x^5 + 4x^{-3}$

**5** If $x^2 y = 5$, $\dfrac{dy}{dx} =$

   **A** $10x^3$     **B** $10x$     **C** $\dfrac{-10}{x}$     **D** $\dfrac{-10}{x^3}$

   **E** $\dfrac{2xy}{5}$

**6** The differential of $5\sqrt{x} - \dfrac{3}{\sqrt{x}}$ with respect to x is

   **A** $\dfrac{5}{2x^{1/2}} + \dfrac{3}{2x^{1/2}}$     **B** $5x^{-1/2} + 3x^{-3/2}$     **C** $\dfrac{5x^{1/2}}{2} + \dfrac{3x^{3/2}}{2}$

   **D** $\dfrac{1}{2}\left(5x^{-\frac{1}{2}} + 3x^{-\frac{3}{2}}\right)$

**7** Differentiate $x^{3/2} - 2x^{-1/2}$ with respect to x.

   **A** $\dfrac{3x^{1/2}}{2} + x^{-3/2}$    **B** $\dfrac{3x^{1/2}}{2} + 2x^{-3/2}$    **C** $\dfrac{2x}{3} - x^{-3/2}$    **D** $\dfrac{2x^{1/2}}{3} + x^{-3/2}$

**8** Differentiate $3x^2 - \dfrac{4}{x^3}$ with respect to x.

   **A** $6x + \dfrac{16}{x^4}$    **B** $x^3 + \dfrac{2}{x^{-2}}$    **C** $6x + \dfrac{12}{x^2}$    **D** $6x + \dfrac{12}{x^4}$

**9** If $xy + x^2 - \sqrt{x} = 0$, $\dfrac{dy}{dx} =$

   **A** $\tfrac{1}{2}\sqrt{x} - 1$      **B** $-(\tfrac{1}{2}x^{3/2} + 1)$    **C** $-2x^{1/2} - \dfrac{x^2}{2}$
   **D** $-\tfrac{1}{2}x^{3/2} + 1$

**10** If $y = (x-1)^2 + 2$, $\dfrac{dy}{dx} =$

   **A** $\dfrac{(x-1)^3}{3}$    **B** $2x$      **C** $2x - 2$    **D** $2$

**11** The gradient of the curve $y = x^2$ at the point (3, 9) is

   **A** 6       **B** 9       **C** 18      **D** 36

**12** The gradient of the line $2y + 3x - 4 = 0$ is

   **A** $-3$    **B** $-\dfrac{3}{2}$    **C** $-\dfrac{2}{3}$    **D** $3$

**13** The gradient of the curve $y = x^2 - 4x + 3$ at the point where it crosses the y axis is

   **A** $-4$    **B** $-2$    **C** $2$    **D** $4$

**14** At the point (1, 1) the gradient of the curve $xy = 1$ is

   **A** $-1$    **B** $0$    **C** $1$    **D** $2$

**15** The gradient of the tangent to the curve $y + x^2 = 0$ at the point $(2, -4)$ is

   **A** $-8$    **B** $-4$    **C** $4$    **D** $8$

**16** The maximum value of the function $3 + 4x - x^2$ is

   **A** $-2$    **B** $2$    **C** $7$    **D** $15$
   **E** $18$

**17** Find the minimum value of the function $x^2+8x+6$.

   **A** $-42$  **B** $-10$  **C** $-4$  **D** 54

**18** Find the value of x which makes $3x^2+6x-4$ a minimum.

   **A** $-7$  **B** $-4$  **C** $-1$  **D** 5

**19** The value of x which makes $x^3-x^2+x-1$ a minimum is

   **A** $-1$  **B** $-\frac{1}{3}$  **C** 0  **D** 1

**20** Find the maximum value of the function $1+x-3x^3$

   **A** $-\frac{1}{3}$  **B** $\frac{1}{3}$  **C** $\frac{5}{9}$  **D** $\frac{11}{9}$

**21** If the radius of a circle is increasing at the rate of 2 units/s, find the rate of increase per second of the area when the radius is 10 units.

   **A** 4  **B** $40\pi$  **C** $100\pi$  **D** $400\pi$

**22** What is the value of x at the point on the curve $y=x^2-8x+3$ where the gradient is 2?

   **A** $-5$  **B** $-3$  **C** 1  **D** 5

**23** Integrate $3x-2$ with respect to x.

   **A** $-2$  **B** $\frac{3x^2}{2}-2+K$  **C** 3

   **D** $\frac{2x^2}{3}-2x+K$  **E** $\frac{3x^2}{2}-2x+K$

**24** Integrate $\frac{4}{x^2}-2x$ with respect to x.

   **A** $\frac{-8}{x^3}-2+K$  **B** $\frac{4}{x}-x^2+K$  **C** $\frac{-4}{x^3}-x^2+K$

   **D** $\frac{-4}{x}-x^2+K$

**25** Integrate $4\sqrt{x} - \dfrac{2}{\sqrt{x}}$ with respect to x.

A $\dfrac{8x^{3/2}}{3} - x^{1/2} + K$  B $2x^{3/2} - x^{1/2} + K$  C $\dfrac{8x^{3/2}}{3} - 4x^{1/2} + K$

D $2x^{3/2} + \tfrac{1}{2} \cdot x^{1/2} + K$

**26** Integrate $\dfrac{x^{3/2}}{2} + \dfrac{x^{1/2}}{4}$ with respect to x.

A $\dfrac{2x^{5/2}}{5} + \dfrac{x^{3/2}}{6} + K$  B $\dfrac{x^{5/2}}{5} + \dfrac{x^{3/2}}{6} + K$  C $\dfrac{x^{5/2}}{5} + \dfrac{x^{3/2}}{12} + K$

D $\dfrac{2x^{5/2}}{5} + \dfrac{x^{3/2}}{12} + K$

**27** Integrate $\dfrac{1}{2\sqrt{x}}$ with respect to x.

A $\tfrac{1}{2}\sqrt{x} + K$  B $2\sqrt{x} + K$  C $\tfrac{1}{4}\sqrt{x} + K$  D $\sqrt{x} + K$

**28** Integrate $\dfrac{4x^{-2}}{3}$ with respect to x.

A $\dfrac{-4x^{-1}}{3} + K$  B $\dfrac{4x^{-1}}{3} + K$  C $\dfrac{-8x^{-3}}{3} + K$

D $\dfrac{-8x^{-1}}{3} + K$

**29** $\displaystyle\int_1^2 x^3 \, dx =$

A $\dfrac{x^4}{4}$  B $\dfrac{1}{4}$  C $\dfrac{15}{4}$  D 15

**30** $\displaystyle\int_2^3 3x^2 \, dx =$

A 6  B $6\tfrac{1}{3}$  C 19  D 26

**31** $\int_{4}^{9} \sqrt{x}\, dx =$

   **A** 1       **B** $\frac{38}{3}$       **C** 19       **D** 38

**32** $\int_{0}^{2} (x^2 - 3)\, dx =$

   **A** $\frac{-10}{3}$       **B** $\frac{-4}{3}$       **C** $\frac{8}{3}$       **D** 4

**33** $\int_{1/2}^{1} \frac{1}{x^2}\, dx =$

   **A** $-2$       **B** 1       **C** 0       **D** 2

**34** $\int_{-1}^{0} (2x^2 + 1)\, dx =$

   **A** $\frac{-5}{3}$       **B** $\frac{5}{3}$       **C** 4       **D** 8

**35** $\int_{0}^{1} x\sqrt{x}\, dx =$

   **A** $\frac{-2}{5}$       **B** 0       **C** $\frac{2}{5}$       **D** 1

   **E** 2

**36** Find the area between the curve $y = x^3$, the x axis, and the line $x = 3$.

   **A** 9       **B** 27       **C** $\frac{81}{4}$       **D** $\frac{81}{2}$

**37** Find the area enclosed by the curve $y = (1-x)(2+x)$ and the x axis.

   **A** $2\frac{1}{2}$       **B** $4\frac{1}{2}$       **C** $5\frac{5}{6}$       **D** $7\frac{1}{6}$

**38** Find the area of the triangle enclosed by the lines $y=2x$ and $y=4$, and the y axis.

   **A** 2         **B** 4         **C** 6         **D** 8

**39** Write down, but do not evaluate, the integral representing the area enclosed by the curve $xy=2$, the lines $x=3$ and $x=1$, and the x axis.

   **A** $\displaystyle\int_0^3 \frac{1\,dx}{2x}$    **B** $\displaystyle\int_1^3 2x\,dx$    **C** $\displaystyle\int_1^3 \frac{1\,dx}{2x}$    **D** $\displaystyle\int_1^3 \frac{2\,dx}{x}$

**40** Find the area enclosed by the curve $y=x^2+1$, the lines $x=2$ and $x=-2$, and the x axis.

   **A** $\frac{8}{3}$       **B** $\frac{14}{3}$       **C** $\frac{16}{3}$       **D** $\frac{28}{3}$

**41** The area enclosed by the curves $y=x^2-1$ and $y=1-x^2$ is

   **A** $\frac{2}{3}$       **B** $\frac{4}{3}$       **C** 2       **D** $\frac{8}{3}$

**42** Find the area enclosed by the curve $y=x^3+1$ and the x and y axes.

   **A** $\dfrac{-5}{4}$    **B** $\dfrac{-3}{4}$    **C** $\dfrac{3}{4}$    **D** $\dfrac{5}{4}$

   **E** $\frac{3}{2}$

**43** Find the volume of revolution generated by rotating the part of the curve $y=x^2$ from $x=1$ to $x=3$ about the x axis.

   **A** $\dfrac{\pi}{5}$    **B** $\dfrac{26\pi}{3}$    **C** $\dfrac{242\pi}{5}$    **D** $31\pi$

**44** The gradient of the curve $y=x^3-3x^2+x-1$, where $x=1$, is

   **A** $-2$    **B** $-1$    **C** 0    **D** 1

**45** The equation of the tangent to the curve $y=x^2$ where $x=3$ is

**A** $y=6x-9$   **B** $y=6x-27$   **C** $y=3x-9$   **D** $y=3x+9$

**46** An object is moving in a straight line. Its distance s cm from a fixed point after t seconds is given by the equation
$$s=t^2+2t-1$$
Calculate the velocity after 3 seconds.

**A** 4 cm/s   **B** 8 cm/s   **C** 12 cm/s   **D** 17 cm/s

**47** An object is moving in a straight line. Its distance x cm from a fixed point after t seconds is given by the equation
$$x=t^3-3t^2+2t+1$$
Calculate the acceleration after 2 seconds.

**A** 1 cm/s$^2$   **B** 2 cm/s$^2$   **C** 6 cm/s$^2$   **D** 12 cm/s$^2$

**48** What is represented by the area under a velocity/time graph?

**A** acceleration   **B** time   **C** velocity   **D** distance

**49** An object is moving in a straight line. Its velocity V cm/s after t seconds is given by the equation $V=4t-1$. If its distance from a fixed point after 1 second is 3 cm, find its distance after 2 seconds.

**A** 6 cm   **B** 7 cm   **C** 8 cm   **D** 9 cm

**E** 10 cm

**50** What is represented by the gradient at any point on a distance-time graph?

**A** distance   **B** velocity   **C** acceleration   **D** time

## STATISTICS

**1** What is the arithmetic mean of the numbers 1, 4, 7, 4, 6, 5, 4, 9?

   **A** 4        **B** $4\frac{1}{2}$        **C** 5        **D** 8
   **E** 9

**2** What is the arithmetic mean of 4, 0, 6, 6, 9?

   **A** 5        **B** 6        **C** $6\frac{1}{4}$        **D** 7

**3** What is the mode of 5, 7, 5, 4, 3, 12?

   **A** $4\frac{4}{5}$        **B** 5        **C** 6        **D** 7

**4** What is the mode of 1, 3, 3, 2, 1, 3, 4, 1, 1?

   **A** 1        **B** $1\frac{1}{2}$        **C** $2\frac{1}{9}$        **D** 3

**5** Find the median of 8, 7, 5, 6, 2, 9.

   **A** 6        **B** $6\frac{1}{6}$        **C** $6\frac{1}{2}$        **D** 7

**6** Find the median of 9, 6, 15, 7, 8, 7, 2.

   **A** $6\frac{1}{2}$        **B** 7        **C** $7\frac{5}{7}$        **D** 8

**7** The arithmetic mean of four numbers is seven. Three of the numbers are 2, 5 and 8. What is the fourth number?

   **A** 5        **B** 13        **C** 15        **D** 28

**8** A student was awarded 62 marks in an examination in English and 50 marks in an examination in French. If the English marks had a weight of two, and the French marks a weight of one, calculate his weighted arithmetic mean mark.

   **A** 54        **B** 56        **C** 58        **D** 60

**9** What is the median of the following numbers? 1, 2, 7, 4, 8

   **A** 3        **B** 4        **C** 5        **D** 35

**10** What is the range of the numbers 8, 6, 4, 7, 9, 6?

    **A** 5      **B** 6      **C** $6\frac{2}{3}$      **D** 40

**11** What is the upper quartile of the numbers 1, 3, 7, 9, 10, 13, 15?

    **A** 3      **B** 7      **C** $10\frac{3}{4}$      **D** 13

**12** What is the lower quartile of the numbers 3, 6, 4, 3, 9, 8, 15?

    **A** 3      **B** $3\frac{1}{2}$      **C** 4      **D** 9

**13** The length of some rods was measured to the nearest cm, with the following results:

| Length of rods (cm) | Frequency |
|---|---|
| 12 | 19 |
| 13 | 27 |
| 14 | 14 |

What was the range of the distribution?

    **A** 2 cm      **B** 3 cm      **C** 14 cm      **D** 60

**14** Quartile deviation is

    **A** Another name for semi-interquartile range
    **B** A quarter of the range
    **C** Half the median
    **D** The difference between the median and the mode

**15** The Range of a distribution is

    **A** the value of the largest item
    **B** four times the quartile deviation
    **C** the difference between the upper and lower quartiles
    **D** the difference between the smallest and the largest items in the distribution

**16** Correct to two significant figures the number 1·248 would be written as

    **A** 1      **B** 1·2      **C** 1·25      **D** 1·3

**17** The length of some rods was measured to the nearest mm, with the following results:

| Length (cm) | Frequency |
|---|---|
| 10 – | 19 |
| 11 – | 53 |
| 12 – 13 | 28 |

(10 – means 10 cm but less than 11 cm)
Find the range of the distrbution.

**A** 2·9 cm  **B** 3·0 cm  **C** 3·1 cm  **D** 13 cm

**18** The numbers of matches in 10 boxes were counted, with the following result:

| No. of Matches | No. of Boxes |
|---|---|
| 49 | 2 |
| 50 | 5 |
| 51 | 0 |
| 52 | 3 |

Find, correct to one decimal place, the average number of matches per box.

**A** 50·4  **B** 50·5  **C** 50·6  **D** 55·5

**E** 55·6

**19** In the distribution in question 18, what is the modal group?

**A** 5  **B** 49  **C** 50  **D** 51

**20** In the distribution in question 18, what is the range?

**A** 3  **B** 3½  **C** 4  **D** 5

**21** A Histogram is

**A** an ancient measure of weight
**B** a history of weights and measures
**C** a frequency polygon
**D** a diagram representing a frequency distribution

**22** A farmer had 20 per cent of his land growing strawberries, 65 per cent growing gooseberries, and 15 per cent growing raspberries. If this information were represented on a Pie Chart, what would be the angle of the sector representing strawberries?

**A** 20°  **B** 54°  **C** 70°  **D** 72°

**E** 90°

**23** Which of the following statements is NOT true?

**A** A Pie Chart is easier to draw than a Bar Chart.
**B** A Pie Chart cannot be read as accurately as a Bar Chart.
**C** A Bar Chart shows more clearly than a Pie Chart the comparative size of items.
**D** A Pie Chart shows more clearly than a Bar Chart the size of each item as a proportion of the whole.

**24** An open-ended class is

**A** one which has no limits
**B** one which has a given limit at one end, but not at the other
**C** a class from which some of the items have fallen
**D** one which can have any number of items

**25** The numbers of matches in some boxes were counted, with the following result:

| No. of matches | No. of boxes |
| --- | --- |
| 48 | 12 |
| 49—50 | 18 |
| 51—53 | 21 |

The information was represented on a histogram. If the bar for "48 matches" was 6 cm long, how long was the bar for "49—50 matches"?

**A** $4\frac{1}{2}$ cm  **B** 6 cm  **C** 9 cm  **D** 18 cm

**26** For the data in question 25, what was the length of the bar for "51—53 matches"?

**A** $3\frac{1}{2}$ cm  **B** $5\frac{1}{4}$ cm  **C** $10\frac{1}{2}$ cm  **D** 21 cm

**27** Which of the following diagrams could NOT be a cumulative frequency curve?

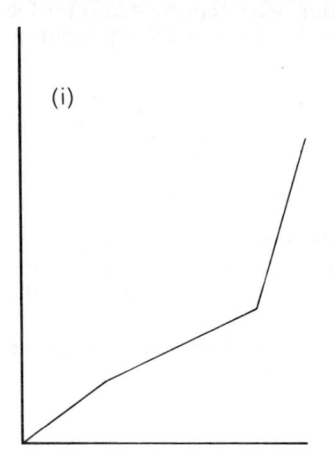

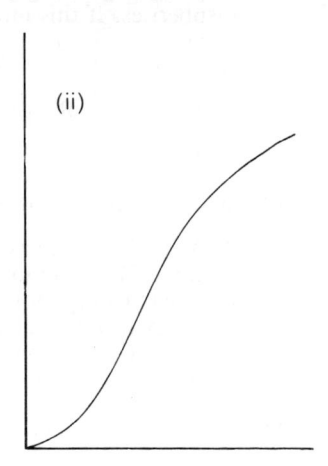

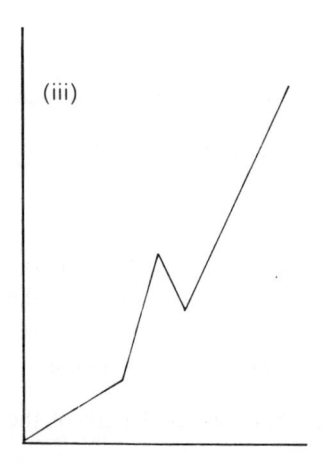

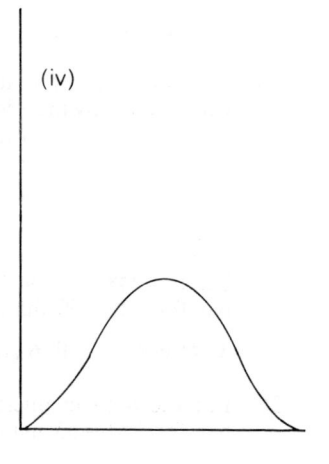

(i)

(ii)

(iii)

(iv)

**A** (i) and (iii)   **B** (i) and (ii)   **C** (i) and (iv)
**D** (iii) and (iv)

**28** Class frequency in a histogram is represented by

  **A** the height of the relevant column
  **B** the area of the relevant column
  **C** the width of the relevant column
  **D** none of these

**29** It is required to represent diagrammatically, the annual national production of Radio Sets and T.V. Sets over a period of 5 years. Which of the following types of diagrams would be suitable?
  (i) Dual Bar Chart
  (ii) Pie Chart
  (iii) Sectional Bar Chart
  (iv) Cumulative frequency curve

  **A** (i), (ii) and (iii)    **B** (ii) and (iv)    **C** (i) and (iii)

  **D** (i) and (ii)

**30** What is the geometric mean of 3 and 12?

  **A** 6     **B** 75     **C** 9     **D** 36

  **E** 7·5

**31** What is the arithmetic mean of the numbers 8, 10, 15, 22, 12, 8, 9?

  **A** 8     **B** 10     **C** 12     **D** 14

**32** For the numbers in question 31, what is the median?

  **A** 8     **B** 10     **C** 12     **D** 14

**33** For the numbers in question 31, what is the mode?

  **A** 8     **B** 10     **C** 12     **D** 14

**34** For the numbers in question 31, what is the semi-interquartile range?

  **A** 3     **B** $3\frac{1}{2}$     **C** 7     **D** 14

**35** Correct to one place of decimals, the number 0·817 is

    **A** 0·8      **B** 0·81      **C** 0·82      **D** 0·9

**36** Correct to 3 significant figures, the number 71·6517 is

    **A** 71·6      **B** 71·651      **C** 71·652      **D** 71·7

**37** The weekly wages paid in a certain factory were summarised as follows:

| Wage (£) | Frequency |
|---|---|
| Less than 40 | 5 |
| 40 but less than 80 | 12 |
| 80 but less than 100 | 3 |

What would be the cumulative frequency for "less than £80"?

    **A** 5      **B** 12      **C** 17      **D** 20

**38** For the data in question 37, what would be the mid-class value for the class "40 but less than 80"?

    **A** £40      **B** £50·99      **C** £60      **D** £70·05

**39** Considering the data in question 37, which of the following would be a reasonable lower limit for the class "less than £40"?

    **A** 0      **B** £18      **C** £19·50      **D** £19·99

**40** If a card is picked at random from a pack of playing cards, what is the probability that it is a Spade?

    **A** $\frac{1}{13}$      **B** $\frac{1}{4}$      **C** $\frac{1}{2}$      **D** 1

**41** If a card is taken at random from a pack of playing cards, returned, and then a second card is taken, what is the probability that they are both Clubs?

    **A** $\frac{1}{2}$      **B** $\frac{1}{4}$      **C** $\frac{1}{13}$      **D** $\frac{1}{8}$

    **E** $\frac{1}{16}$

**42** In a drawer are 4 black socks and 2 white socks. If one is taken at random, what is the probability that it is white?

    **A** $\frac{1}{3}$      **B** $\frac{2}{5}$      **C** $\frac{1}{2}$      **D** $\frac{2}{3}$

**43** In a drawer are 3 black socks and 2 white socks. If two are picked at random, what is the probability that they will both be the same colour?

   **A** 0       **B** $\frac{1}{20}$       **C** $\frac{1}{5}$       **D** $\frac{2}{5}$

   **E** $\frac{1}{2}$

**44** There are 12 boys and 8 girls in a class, including a brother and sister. If one boy and one girl are chosen at random from the boys and girls respectively, what is the probability that the brother and sister are both chosen?

   **A** $\frac{1}{96}$       **B** $\frac{1}{48}$       **C** $\frac{5}{54}$       **D** $\frac{1}{2}$

**45** There are 12 boys and 8 girls in a class, including a brother and sister. If two pupils are chosen at random from the class, what is the probability that the brother and sister are both chosen?

   **A** $\frac{1}{400}$       **B** $\frac{1}{380}$       **C** $\frac{1}{190}$       **D** $\frac{1}{96}$

**46** There are 12 boys and 8 girls in a class, including a brother and sister. If two pupils are chosen at random from the class, what is the probability that neither the brother nor sister are chosen?

   **A** $\frac{14}{19}$       **B** $\frac{153}{190}$       **C** $\frac{189}{190}$       **D** $\frac{379}{380}$

**47** 10 per cent of a large batch of light-bulbs was defective. If a man bought two of the bulbs, what was the probability that neither was defective?

   **A** $\frac{1}{100}$       **B** $\frac{1}{10}$       **C** $\frac{81}{100}$       **D** $\frac{9}{10}$

**48** 10 per cent of a large batch of light bulbs was defective. If a man bought three of the bulbs, what was the probability that at least one was defective?

   **A** $\frac{1}{1000}$       **B** $\frac{271}{1000}$       **C** $\frac{729}{1000}$       **D** $\frac{999}{1000}$

**49** If an unbiased die is thrown, what is the probability that it will score either a three or a six?

  **A** $\frac{1}{6}$   **B** $\frac{1}{4}$   **C** $\frac{2}{7}$   **D** $\frac{1}{3}$
  **E** $\frac{1}{2}$

**50** If three dice are thrown, what is the probability that they will all show the same number?

  **A** $\frac{1}{216}$   **B** $\frac{5}{216}$   **C** $\frac{1}{36}$   **D** $\frac{1}{3}$

## MODERN MATHEMATICS

**1**

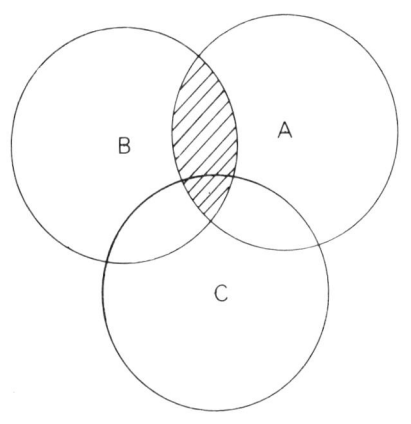

Figure 1

In Figure 1, what set is represented by the shaded area?

**A** A∩B     **B** A∪B     **C** A∩C     **D** A∩B∩C

**2**

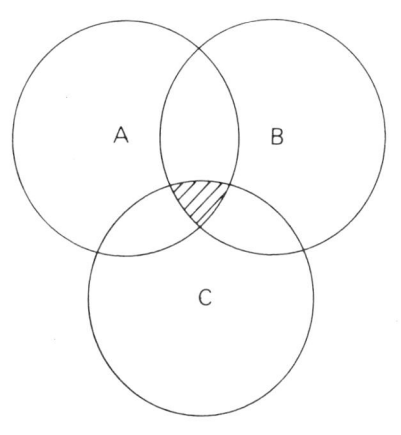

Figure 2

What set is represented by the shaded area in Figure 2?

**A** A∩B     **B** B∩C     **C** A∪B∪C     **D** A∩B∩C

**3** If A is the set of kites, and B is the set of parallelograms, what set is represented by A∩B?

  **A** rectangles  **B** quadrilaterals  **C** rhombuses  **D** null set

**4** If the sets P and Q are disjoint then it is necessarily true that

  **A** P=Q    **B** P∪Q=ε    **C** P=Q¹    **D** P∩Q=0

**5** If A = $\{1, 3, 5, 7, 9\}$ and B = $\{3, 6, 9, 12\}$, A∩B =

  **A** $\{1, 3, 5, 6, 7, 9, 12\}$  **B** $\{3, 9\}$  **C** $\{1, 5, 6, 7, 12\}$

  **D** ∅

**6** A class of 46 students were all studying Mathematics and/or Physics. 30 were studying Mathematics and 25 were studying Physics. How many were studying both subjects?

  **A** 9    **B** 10    **C** 16    **D** 21

  **E** 25

**7** If P is the set of integers, Q the set of real numbers, and R the set of rational numbers, which of the following relations is true?

  **A** P⊂Q⊂R  **B** R⊂Q⊂P  **C** Q⊂R⊂P  **D** P⊂R⊂Q

**8** If A = $\{x : x < 3\}$ and B = $\{x : x > -2\}$ A∩B =

  **A** $\{x : x = -1, 0, 1, 2\}$    **B** ∅

  **C** $\{x : -2 < x < 3\}$    **D** $\{x : x = -2 \text{ or } 3\}$

**9** $n(X \cup Y) =$

    **A** $n(X) + n(Y) + n(X \cap Y)$

    **B** $n(X) + n(Y) - n(X \cap Y)$

    **C** $n(X \cap Y) - n(X) - n(Y)$

    **D** $n(X) + n(Y) - n(X^1 \cap Y^1)$

**10** What are the elements of the set $\left\{ x : x^2 + 6 = 5x \right\}$

    **A** 2, −3      **B** −2, 3      **C** −2, −3      **D** 2, 3

**11** $X \cup (Y \cap Z) = (X \cup Y) \cap (X \cup Z)$ demonstrates the

    **A** Associative Law

    **B** Commutative Law

    **C** Distributive Law

    **D** none of these

**12** If $P = \left\{ x : x > 2 \right\}$      $Q = \left\{ x : x < 2 \right\}$

    $R = \left\{ x : x > 1 \right\}$      $S = \left\{ x : x < 1 \right\}$

of what inequality is $(P \cap R) \cup (Q \cap S)$ the solution set?

    **A** $x^2 > 4$    **B** $x^2 > 2x - 1$    **C** $x^2 - 3x + 2 > 0$    **D** $x^2 - 3x + 2 < 0$

**13** $X \cap Y = Y \cap X$ demonstrates the

    **A** Commutative Law

    **B** Absorption Law

    **C** Distributive Law

    **D** Associative Law

**14** If P is a subject of Q, which of the following statements are necessarily true?

(i) $x \ \varepsilon P \Rightarrow x \ \varepsilon Q$
(ii) $x \ \varepsilon Q \Rightarrow x \ \varepsilon P$
(iii) $P \subset Q$
(iv) $Q \subset P$

**A** (i) and (iii)  **B** (ii) and (iv)  **C** (i) (ii) and (iii)  **D** (i) and (iv)

**15** $X \cup (Y \cup Z) = (X \cup Y) \cup Z$ demonstrates the

**A** Commutative Law

**B** Absorption Law

**C** Distributive Law

**D** Associative Law

**16** If $f \equiv x^2 - 1$, $f(4) =$

**A** $4x^2 - 4$  **B** 7  **C** 9  **D** 13
**E** 15

**17** If $f \equiv x^2 + 1$ and $g \equiv x + 2$, $g.f(4) =$

**A** $(x+2)(4x^2+4)$  **B** 6  **C** 19  **D** 37

**18** The denary number 21, when written in the binary scale, is

**A** 1101  **B** 10101  **C** 111  **D** 11001
**E** 10111

**19** The denary fraction $\frac{5}{8}$, written as a bicimal, is

**A** 0·1101  **B** 0·011  **C** 0·101  **D** 0·111

**20** The denary number 38, written in the octal scale, is

**A** 42  **B** 44  **C** 45  **D** 46

**21** The octal number 34, written in the denary scale, is

**A** 26  **B** 28  **C** 40  **D** 42

**22** The octal number 16, written in the binary scale, is

    **A** 1110     **B** 10000     **C** 11010     **D** 1010

**23** Add the binary numbers 101 and 1110, giving the answer as a binary number.

    **A** 1011     **B** 1211     **C** 10101     **D** 10011

**24** The difference, written in the denary scale, between the octal numbers 76 and 34, is

    **A** 28     **B** 34     **C** 38     **D** 42

**25** The product in the binary scale, of the binary numbers 100 and 101 is

    **A** 1100     **B** 1010     **C** 10010     **D** 10100

**26** The decimal 0·03125, written as a bicimal is

    **A** 0·01011     **B** 0·0001     **C** 0·00001     **D** 0·000001

**27** The binary number 100110, written as a denary number is

    **A** 21     **B** 22     **C** 37     **D** 38

**28** In what scale is the following addition carried out? $3+7=12$

    **A** scale 7     **B** scale 8     **C** scale 10     **D** scale 12

**29** $120_5 \div 12_5 =$

    **A** $10_5$     **B** $9_5$     **C** $6_{10}$     **D** $20_5$

**30** Using modulo 8 arithmetic, $6+5=$

    **A** 2     **B** 3     **C** 5     **D** 11

**31** Using modulo 8 arithmetic, $3-5=$

    **A** 2     **B** 4     **C** 6     **D** 8

**32** Using modulo 6 arithmetic, $3 \times 5=$

    **A** 0     **B** 3     **C** 9     **D** 15

**33** Using modulo 8 arithmetic, the solutions of the equation $x^2+3x+2=0$ are

   **A** $-1, -2$    **B** 1, 2     **C** 5, 6     **D** 5, 7

   **E** 6, 7

**34** In a class of 30 pupils, 25 study French and 20 study German. Every pupil studies at least one of the languages. If a pupil were chosen at random, what is the probability that he would be studying German, but not French?

   **A** $\frac{1}{6}$        **B** $\frac{1}{2}$        **C** $\frac{2}{3}$        **D** $\frac{5}{6}$

**35** The product of the octal numbers 5 and 4, written in the octal scale is

   **A** 11        **B** 16        **C** 20        **D** 24

**36** The sum of the octal numbers 3 and 4, written in the binary scale is

   **A** 111        **B** 1100        **C** 1110        **D** 1111

**37** If x and y are numbers, which of the following statements are true?

   (i)   xy=0  <=>  x=0 or y=0
   (ii)  xy=0  <=   x=0
   (iii) xy=0  =>   x=0
   (iv) xy=0  =>   y=0

   **A** (i) (iii) and (iv)     **B** (ii) only     **C** (i) and (ii)

   **D** (iii) and (iv)

**38** $\begin{pmatrix} 2 & 3 \\ 1 & 2 \end{pmatrix} \begin{pmatrix} 3 & 1 \\ 4 & 2 \end{pmatrix} =$

   **A** $\begin{pmatrix} 6 & 3 \\ 4 & 4 \end{pmatrix}$    **B** $\begin{pmatrix} 9 & 7 \\ 8 & 15 \end{pmatrix}$    **C** $\begin{pmatrix} 8 & 18 \\ 5 & 11 \end{pmatrix}$    **D** $\begin{pmatrix} 18 & 8 \\ 11 & 5 \end{pmatrix}$

**39** The inverse of the matrix $\begin{pmatrix} 8 & 5 \\ 3 & 2 \end{pmatrix}$ is

   **A** $\begin{pmatrix} 2 & 5 \\ 3 & 8 \end{pmatrix}$    **B** $\begin{pmatrix} 2 & -5 \\ -3 & 8 \end{pmatrix}$    **C** $\begin{pmatrix} -8 & 3 \\ 5 & -2 \end{pmatrix}$    **D** $\begin{pmatrix} 3 & 2 \\ 8 & 5 \end{pmatrix}$

**40** The inverse of the matrix $\begin{pmatrix} 4 & 5 \\ 1 & 3 \end{pmatrix}$ is

**A** $\begin{pmatrix} \frac{3}{7} & -\frac{5}{7} \\ -\frac{1}{7} & \frac{4}{7} \end{pmatrix}$ **B** $\begin{pmatrix} 3 & -5 \\ -1 & 4 \end{pmatrix}$ **C** $\begin{pmatrix} -3 & 5 \\ 1 & -4 \end{pmatrix}$ **D** $\begin{pmatrix} 1 & 3 \\ 4 & 5 \end{pmatrix}$

**41** The unit matrix is

**A** $\begin{pmatrix} 1 & 1 \\ 1 & 1 \end{pmatrix}$ **B** $\begin{pmatrix} 1 & 1 \\ 0 & 0 \end{pmatrix}$ **C** $\begin{pmatrix} 1 & 0 \\ 0 & 1 \end{pmatrix}$ **D** $\begin{pmatrix} 1 & 0 \\ 0 & 0 \end{pmatrix}$

**42** $\begin{vmatrix} 8 & 7 \\ 5 & 3 \end{vmatrix} =$

**A** $-11$ **B** $11$ **C** $19$ **D** $41$

**43** $\begin{vmatrix} 5 & -2 \\ 3 & 1 \end{vmatrix} =$

**A** $-13$ **B** $-11$ **C** $-6$ **D** $6$

**E** $11$

**44** The inverse of the matrix $\begin{pmatrix} 1 & 3 \\ 2 & 6 \end{pmatrix}$ is

**A** $\begin{pmatrix} 6 & -3 \\ -2 & 1 \end{pmatrix}$ **B** $\begin{pmatrix} 1 & -3 \\ -2 & 6 \end{pmatrix}$ **C** $\begin{pmatrix} \frac{1}{2} & -\frac{1}{4} \\ -\frac{1}{3} & \frac{1}{12} \end{pmatrix}$

**D** It has no inverse

**45** $\begin{pmatrix} 0 & 1 \\ 1 & 0 \end{pmatrix} \begin{pmatrix} 2 \\ 3 \end{pmatrix} =$

**A** $\begin{pmatrix} 0 & 2 \\ 3 & 0 \end{pmatrix}$ **B** $\begin{pmatrix} 0 & 3 \\ 4 & 0 \end{pmatrix}$ **C** $\begin{pmatrix} 3 \\ 2 \end{pmatrix}$ **D** $\begin{pmatrix} 3 \\ 4 \end{pmatrix}$

**46** The transformation represented by the matrix $\begin{pmatrix} 0 & 1 \\ 1 & 0 \end{pmatrix}$ is

**A** a reflection in the x axis

**B** a reflection in the line $y = x$

**C** a reflection in the y axis

**D** a half-turn about the origin

**47** $\begin{pmatrix} 1 & 3 \\ 2 & 5 \end{pmatrix} + \begin{pmatrix} 2 & 4 \\ 3 & 5 \end{pmatrix} =$

    **A** $\begin{pmatrix} 11 & 19 \\ 19 & 33 \end{pmatrix}$   **B** $\begin{pmatrix} 3 & 7 \\ 5 & 10 \end{pmatrix}$   **C** $\begin{pmatrix} 8 & 14 \\ 21 & 37 \end{pmatrix}$   **D** $\begin{pmatrix} 1 & 1 \\ 1 & 0 \end{pmatrix}$

**48** The reflection of the point (3, 5) in the line y=x is the point

    **A** $(-3, -5)$   **B** $(-3, 5)$   **C** $(3, -5)$   **D** $(5, 3)$

**49** The transformation represented by the matrix $\begin{pmatrix} -1 & 0 \\ 0 & 1 \end{pmatrix}$ is

    **A** a reflection in the x axis

    **B** a reflection in the line y=x

    **C** a reflection in the y axis

    **D** none of these

**50** The transformation represented by the matrix $\begin{pmatrix} 1 & 0 \\ 2 & 1 \end{pmatrix}$ is

    **A** a reflection in the y axis

    **B** a reflection in the line y=2x

    **C** a shear parallel to the x axis

    **D** a shear parallel to the y axis

**51** The reflection of the point (6, 9) in the line x+y=0 is

    **A** $(-9, -6)$   **B** $(-6, -9)$   **C** $(6, -9)$   **D** $(9, -6)$

**52** The point (3, 4) is reflected first in the x axis and then in the y axis. Where is its final image?

    **A** $(-3, -4)$   **B** $(-3, 4)$   **C** $-4, -3)$   **D** $4, 3)$

**53** A quarter-turn about the origin changes the point (2, 3) into

    **A** $(-3, -2)$   **B** $(-2, -3)$   **C** $(-3, 2)$   **D** $(-2, 3)$

**54** The translation $\binom{3}{1}$ moves the point (4, 3) to the position

  **A** (12, 4)   **B** (−1, −2)   **C** (4, 9)   **D** (7, 4)

**55** Which of the following characters has point symmetry?

  H         D         8         T

  **A** H only   **B** D and T   **C** H and 8   **D** T only

**56** The transformation $\begin{pmatrix} -1 & 0 \\ 0 & -1 \end{pmatrix}$ moves the point (−2, 3) to the position

  **A** (−2, −3)   **B** (2, −3)   **C** (2, 3)   **D** (−3, 2)

**57** If $\begin{pmatrix} 0 & -1 \\ 1 & 0 \end{pmatrix}\begin{pmatrix} x \\ y \end{pmatrix} = \begin{pmatrix} 5 \\ 4 \end{pmatrix}$, find x and y.

  **A** (4, −5)   **B** (5, −4)   **C** (−5, −4)   **D** (−5, 4)

**58** The polar co-ordinates of the point $(1, +\sqrt{3})$ are

  **A** $(2, 30°)$   **B** $(2, 60°)$   **C** $(\sqrt{2}, 45°)$   **D** $(\sqrt{2}, 60°)$

**59** If A is the angle between the line $y - 2x = 4$ and the x axis, tan A =

  **A** −2   **B** $-\frac{1}{2}$   **C** $\frac{1}{2}$   **D** 2

  **E** $\frac{1}{\sqrt{2}}$

**60**

[Figure 3]

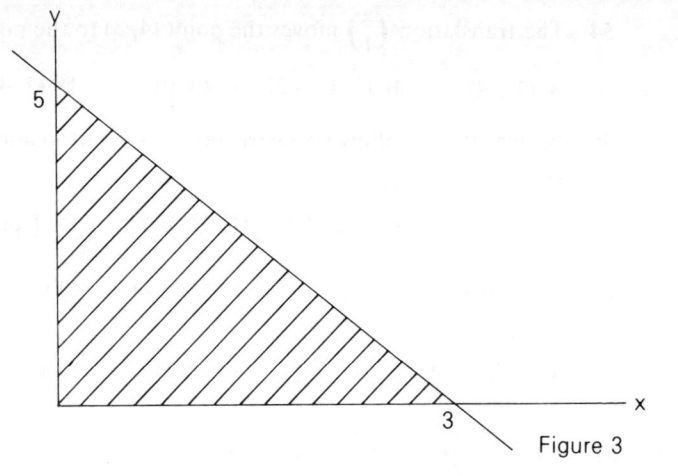

In Figure 3, the points in the shaded area are subject to three restrictions. Two are $x \geq 0$, $y \geq 0$. What is the third restriction?

**A** $3y - 5x \geq 15$   **B** $3y \geq 5x \div 15$   **C** $3y + 5x \leq 15$

**D** $3y - 5x \leq 15$

**61** Find the restrictions on the values of x if
$3x + 5 \leq 17 \leq 6x - 1$

**A** $x \geq 4$   **B** $x \leq 3$   **C** $3 \leq x \leq 4$   **D** $x \leq 4$

**62** It is impossible to solve the simultaneous equations $y = -\frac{2}{3}x + 1$ and $6y + 4x = 6$ because the lines they represent are

**A** parallel   **B** skew   **C** mutually perpendicular

**D** identical

**63** In Figure 4, the points in the shaded area are subject to three restrictions. Two are $x \geq 0$, $y \leq 0$. What is the third restriction?

**A** $\frac{x}{2} - \frac{y}{3} \leq 1$   **B** $\frac{x}{2} - \frac{y}{3} \geq 1$   **C** $2y \geq 3x - 4$

**D** $3y \geq 2x - 9$

Figure 4

**64**

Figure 5

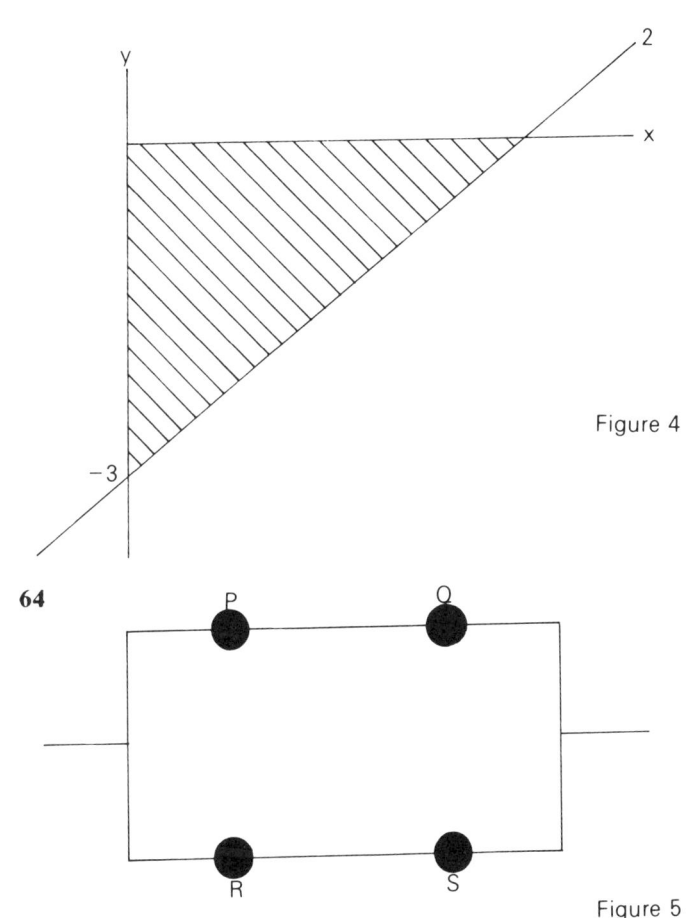

In Figure 5, P, Q, R and S represent components in a machine. The machine will function so long as either P and Q, or R and S are faultless. The probability of any single component breaking down during a week's work is $\frac{1}{10}$. What is the probability that the machine will break down during any one week?

**A** $\frac{81}{10000}$  **B** $\frac{324}{10000}$  **C** $\frac{342}{10000}$  **D** $\frac{343}{10000}$

109

**65** If p=(3, 2) and q=(4, −1), p+q=

**A** 8      **B** (7, 1)      **C** (6, 2)      **D** (−7, −1)

**66** If p=(0, 3) and q=(2, −3), p−q=

**A** (-2, 6)      **B** (2, 6)      **C** (2, 0)      **D** (−2, −6)

**67** If three pennies are tossed, the probability of getting either three heads or three tails is

**A** $\frac{1}{16}$      **B** $\frac{1}{8}$      **C** $\frac{3}{16}$      **D** $\frac{7}{32}$

**E** $\frac{1}{4}$

**68** A body moves so that after t seconds its distance s cm from a fixed point is given by $s=4t^2$. What is its velocity after 3 seconds?

**A** 8 cm/s      **B** 16 cm/s      **C** 24 cm/s      **D** 36 cm/s

**69** What is the gradient function of $\frac{1}{x^2+1}$ ?

**A** $\frac{-2x}{(x^2+1)^2}$    **B** $\frac{2x}{(x^2+1)^2}$    **C** $-2x(x^2+1)$    **D** $\frac{-2}{x^2+1}$

**70**

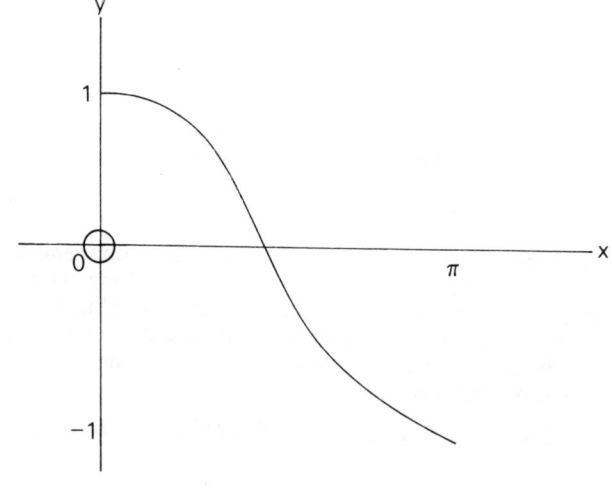

Figure 6

The sketch in Figure 6 could represent

**A** $y = \sin x$  **B** $y = \cos x$  **C** $y = \tan x$  **D** $y = 1 - x^2$

71 If x is an integer, what are the elements of the set $\{x : x > 4\} \cap \{x : x < 7\}$?

**A** $\{5, 6\}$  **B** $\{4, 5, 6\}$  **C** $\{4, 5, 6, 7\}$

**D** $\{5, 6, 7\}$

72 If x is an integer, what are the elements of the set $\{x : 1 < x < 5\} \cup \{x : 3 < x < 7\}$?

**A** $\{4, 5, 6\}$  **B** $\{4\}$  **C** $\{2, 3, 4, 5, 6\}$

**D** $\{1, 2, 3, 4, 5, 6, 7\}$

73 If X is a set, then $X \cup X =$

**A** $\emptyset$  **B** $\varepsilon$  **C** X  **D** 2X

74 If X and Y are sets $X \cup (X \cap Y) =$

**A** $\varepsilon$  **B** X  **C** Y  **D** X+Y

75 If the scalar product of two non-zero vectors is zero, the vectors are

**A** equal

**B** parallel

**C** mutually perpendicular

**D** one, at least, is zero

**76** Which of the following statement(s) is(are) true?

   (i) $x<1$ and $y<10$ $\Rightarrow$ $x<y$
  (ii) $x>0$ and $y^2>x^2$ $\Rightarrow$ $y>x$
 (iii) $xy<0$ and $x>0$ $\Rightarrow$ $y>0$
 (iv) $x^2>1$ $\Leftrightarrow$ $x>1$

**A** (i) only    **B** (ii) and (iv)    **C** (i) and (iii)    **D** none

**77** If $\mathcal{E} = \{1, 3, 5, 7, 9\}$ and $X = \{3, 9\}$, then $X^1 =$

**A** $\{1, 5, 7\}$    **B** $\{3, 9\}$    **C** $\{1, 3, 5, 7, 9\}$    **D** $\emptyset$

**78**

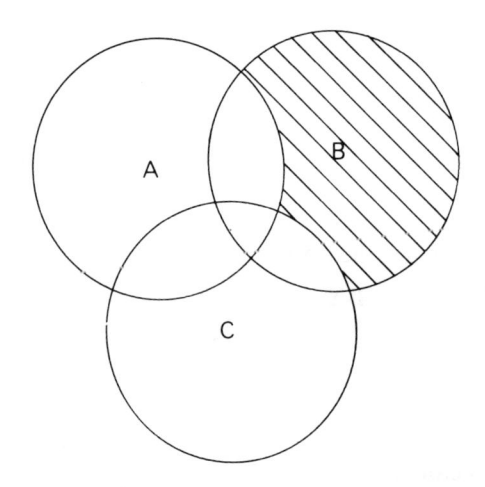

Figure 7

What set is represented by the shaded area in Figure 7?

**A** $B \cap C$    **B** $(A \cup C) \cap B$    **C** $(A \cup C)^1$    **D** $A \cap C$

**79** If $X = \{x : x < -1\}$ and $Y = \{x : x > 2\}$, $X \cap Y =$

   **A** $\{x : -1 < x < 2\}$   **B** $\{x : x < 2\}$   **C** $\emptyset$

   **D** none of these

**80** What are the elements of the set $\{x : x^2 + x - 2 = 0\}$

   **A** $-1, 2$   **B** $-2, 1$   **C** $-2, -1$   **D** $2, 1$

**81** If $f \equiv x^2 - x + 1$, $f(3) =$

   **A** $3(x^2 - x + 1)$   **B** 4   **C** 7   **D** 10

   **E** 13

**82** If $f \equiv x^2 - x$ and $g \equiv x - 1$, $g.f(3) =$

   **A** $3(x-1)(x^2-x)$   **B** 2   **C** 5   **D** 12

**83** If $f \equiv x^2 - x$ and $g \equiv x - 1$, $f.g(3) =$

   **A** $3(x^2-x)(x-1)$   **B** 2   **C** 5   **D** 12

**84** The number $41_6$, when written in the binary scale, is

   **A** 11001   **B** 101001   **C** 10101   **D** 11010

**85** In what scale is the following multiplication carried out? $16 \times 2 = 34$

   **A** seven   **B** eight   **C** nine   **D** twelve

**86** Multiply together the binary numbers 101 and 111, giving the answer as a binary number.

   **A** 10011   **B** 100101   **C** 10101   **D** 100011

**87** In modulo 4 arithmetic, $3 \times 2 =$

   **A** 2   **B** 3   **C** 4   **D** 6

**88** What is the value of n if $3n = 2$ (modulo 5)?

   **A** $\frac{2}{5}$   **B** 2   **C** 3   **D** 4

**89** At a meeting of 32 sportsmen, 15 of those present played football and 24 played cricket. All present played at least one of the games. If one of the men were chosen at random, what would be the probability that he played both football and cricket?

**A** $\frac{7}{32}$    **B** $\frac{1}{4}$    **C** $\frac{17}{32}$    **D** $\frac{3}{4}$

**90** The inverse of the matrix $\begin{pmatrix} 7 & 5 \\ 4 & 3 \end{pmatrix}$ is

**A** $\begin{pmatrix} 7 & 4 \\ 5 & 3 \end{pmatrix}$    **B** $\begin{pmatrix} 7 & -4 \\ -5 & 3 \end{pmatrix}$    **C** $\begin{pmatrix} 3 & -5 \\ -4 & 7 \end{pmatrix}$

**D** $\begin{pmatrix} 3 & -4 \\ -5 & 7 \end{pmatrix}$

**91** $\begin{vmatrix} 7 & 3 \\ 3 & 4 \end{vmatrix} =$

**A** 9    **B** 17    **C** 19    **D** 37

**E** 74

**92** $\begin{pmatrix} 3 & 1 \\ 2 & 4 \end{pmatrix} \begin{pmatrix} 4 & 1 \\ 2 & 3 \end{pmatrix} =$

**A** $\begin{pmatrix} 14 & 7 \\ 16 & 13 \end{pmatrix}$    **B** $\begin{pmatrix} 14 & 6 \\ 16 & 14 \end{pmatrix}$    **C** $\begin{pmatrix} 16 & 14 \\ 14 & 6 \end{pmatrix}$    **D** $\begin{pmatrix} 14 & 14 \\ 16 & 6 \end{pmatrix}$

**93** The reflection of the point (4, 3) in the y axis is

**A** $(-4, 3)$    **B** $(4, -3)$    **C** $(-3, 4)$    **D** $(3, -4)$

**94** The translation $\begin{pmatrix} 2 \\ 1 \end{pmatrix}$ moves the point $(-1, 2)$ to the position

**A** (1, 3)    **B** $(-2, 2)$    **C** (0, 4)    **D** (3, 3)

**95** If $\bar{p} = (-1, 4)$ and $\bar{q} = (2, -3)$, $\bar{p} - \bar{q} =$

**A** $(-3, -1)$    **B** $(1, 7)$    **C** $(-1, -7)$    **D** $(-3, 7)$

**96** What is the gradient function of $x^2 - \frac{1}{x}$?

    **A** $2x + \frac{1}{x}$     **B** $2x + \frac{1}{x^2}$     **C** $2x - \frac{1}{x^2}$     **D** $\frac{x^3}{3} - \frac{1}{x^2}$

**97** A body moves so that after t seconds its distance from a fixed point is S cm, where $s = 2t^2 + 1$. What was its initial velocity?

    **A** 1 cm/s     **B** 4 cm/s     **C** 5 cm/s     **D** zero

**98** A body moves so that after t seconds its distance from a fixed point is S cm, where $s = 3t^2 - 1$. Its acceleration after 2 seconds is

    **A** zero     **B** 5 cm/s²     **C** 6 cm/s²     **D** 12 cm/s²

**99** What is the probability, if two cards are drawn at random from a pack of cards without replacement, that they will both be red?

    **A** $\frac{1}{4}$     **B** $\frac{25}{102}$     **C** $\frac{1}{2}$     **D** $\frac{51}{101}$

**100** A body moves so that its distance s cm from a fixed point after t seconds is given by the equation $s = 4t^2 - t + 1$. If the acceleration – time graph were drawn, its gradient would be

    **A** constant at zero

    **B** constant positive

    **C** constant negative

    **D** decreasing positive

    **E** decreasing negative

## TEST PAPER 1

**1** Correct to one place of decimals, the number 0·848 is
   **A** 0·8      **B** 0·85      **C** 0·9      **D** 1·0

**2** The square root of 0·25 is
   **A** 0·05      **B** 0·125      **C** 0·5      **D** 1·25

**3** Which of the following is a perfect square?
   **A** 1·25      **B** 2·25      **C** 40      **D** 90
   **E** 250

**4** The Simple Interest on £250 for 3 years at 5 per cent p.a. is
   **A** £7·50      **B** £12·50      **C** £37·50      **D** £75

**5** ABC and DEF are similar triangles. AB=2.DE. The ratio of the area of triangle ABC to the area of triangle DEF is
   **A** 1 : 4      **B** 1 : 2      **C** 2 : 1      **D** 4 : 1

**6** The reciprocal of 5 is
   **A** 0·2      **B** 0·5      **C** 2      **D** 25

**7** $\cos 330° =$
   **A** $\dfrac{-\sqrt{3}}{2}$      **B** $-\dfrac{1}{2}$      **C** $\dfrac{1}{2}$      **D** $\dfrac{\sqrt{3}}{2}$

**8** cosec x is the reciprocal of
   **A** sin x      **B** cox x      **C** tan x      **D** log x

**9**

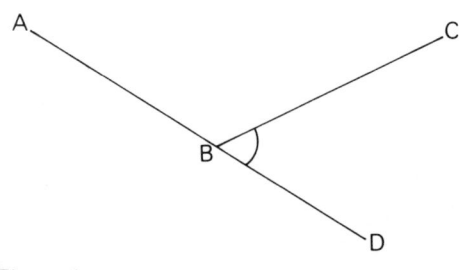

Figure 1

In Figure 1, AB and BC are sides of a regular octagon. Calculate angle CBD

**A** 36°  **B** 45°  **C** 60°  **D** 72°

**10** The sides of a rhombus are each 26 cm long. The longer diagonal is 48 cm. Calculate the length of the shorter diagonal.

**A** 4 cm  **B** 5 cm  **C** 10 cm  **D** 20 cm

**11** Factorise $x^2 + x - 12$

**A** $(x+3)(x-4)$  **B** $(x-3)(x+4)$  **C** $(x+6)(x-2)$

**D** $(x+12)(x-1)$  **E** $(x-12)(x+1)$

**12** $(2x-5)(3x+2) =$

**A** $6x^2 - 19x - 10$  **B** $6x^2 - 19x + 10$  **C** $6x^2 - 11x - 10$

**D** $6x^2 - 11x + 10$

**13** If y varies directly as x, and y = 40 when x = 16, find the value of y when x = 6

**A** 2·5  **B** 4  **C** 15  **D** 16

**14** $(4x^3)^2 \div 2x^{-1} =$

**A** $32x^5$  **B** $8x^7$  **C** $8x^9$  **D** $32x^9$

**15** If $(x-5)(2x+3) = 0$, x =

**A** $-5$ or $\frac{3}{2}$  **B** 5 or $-\frac{2}{3}$  **C** $-5$ or $-\frac{2}{3}$  **D** 5 or $-\frac{3}{2}$

**16** What is the remainder when $(2x^2 - 5x + 1)$ is divided by $(x-1)$?

**A** $-2$  **B** 0  **C** 2  **D** 8

**17** If $x^3y=24$, $\dfrac{dy}{dx}=$

**A** $\dfrac{-72}{x^4}$ **B** $\dfrac{-72}{x^2}$ **C** $72x^2$ **D** $72x^4$

**18** If the n items of a distribution are in numerical order, the lower quartile is the value of the

**A** middle item **B** $\dfrac{(n+1)}{2}$ th item

**C** $\dfrac{3(n+1)}{4}$ th item **D** $\dfrac{(n+1)}{4}$ th items

**19** The numbers 11, 21, 31, 41 are written to the same base, and only one of them is a perfect square. What is the base?

**A** 4 **B** 5 **C** 6 **D** 9

**20** A body moves so that after t seconds its velocity in cm/s is $2t^2-t+1$. What is its acceleration after 3 seconds?

**A** 9 cm.s$^2$ **B** 11 cm.s$^2$ **C** 12 cm.s$^2$ **D** 16 cm.s$^2$

## TEST PAPER 2

**1** Correct to two significant figures, the number 2481·629 is

**A** 2400 **B** 2481·63 **C** 2482 **D** 2500

**2** $9^{3/2} \times (3^2)^{1/2} =$

**A** 3 **B** 27 **C** 40·5 **D** 54

**E** 81

**3** If Income Tax is at the rate of 40p in the £, how much is payable on a taxable income of £240?

**A** £9·60 **B** £14·40 **C** £96 **D** £144

**4** $\log 9 - \log 3 =$

**A** $\log 3$ **B** $\log 6$ **C** 2 **D** 3

**E** 6

**5** Express 0·014 in Standard Form.

**A** $1.4 \times 10^{-2}$  **B** $14 \times 10^{-2}$  **C** $1.4 \times 10^{2}$  **D** $1.4 \times 10^{3}$

**6** A map is drawn to a scale of 1 cm represents 5 km. What area is represented by a square on the map of side 2 cm?

**A** 10 km²  **B** 25 km²  **C** 100 km²  **D** 400 km²

**7** cos 180° =

**A** −1  **B** 0  **C** 1  **D** ∞

**8**

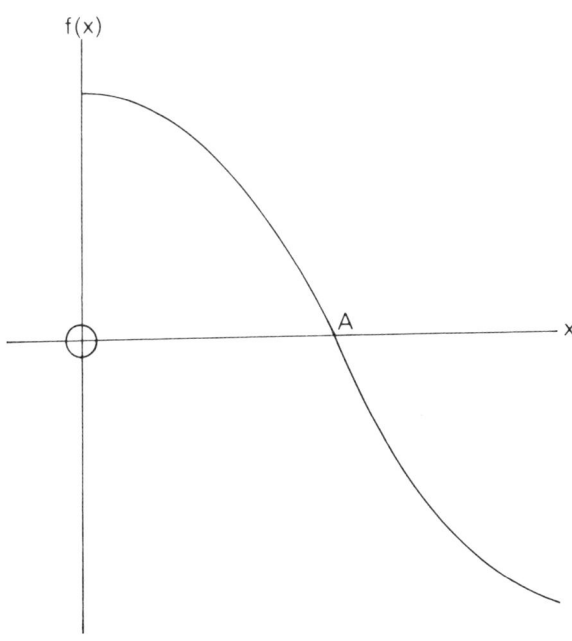

Figure 1

Figure 1 is a sketch of f(x) = cos x. The value of x at the point A is

**A** $\dfrac{\pi}{4}$  **B** $\dfrac{\pi}{2}$  **C** $\dfrac{3\pi}{4}$  **D** $\pi$

**9**

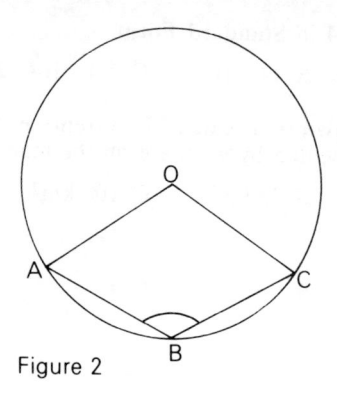

Figure 2

In Figure 2, O is the centre of the circle. Angle AOC is 100°. Calculate angle ABC

**A** 80°      **B** 100°      **C** 130°      **D** 140°

**10**

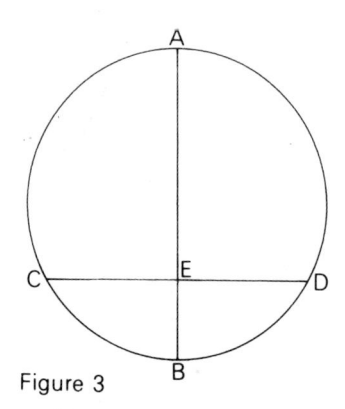

Figure 3

In Figure 3, AB is a diameter of the circle. CD is perpendicular to AB. The radius of the circle is 5 cm. The length of CD is 8 cm. Find the length of AE.

**A** 6 cm      **B** 7·5 cm      **C** 8 cm      **D** 8·5 cm

**11** Factorise $4(x-y)^2 - (x+y)^2$

    **A** $(3x-y)(x-3y)$    **B** $(3x-y)^2$      **C** $3(x^2-y^2)$

    **D** $3(x-y)(3x-y)$

**12** If $a=3$ and $b=4$, $(a^2 b^{-1})^{\frac{1}{2}} =$

    **A** $-6$      **B** $\frac{9}{8}$      **C** $\frac{3}{2}$      **D** $\frac{9}{4}$

    **E** $\frac{5}{2}$

**13** $\dfrac{1}{p} - \dfrac{2}{3p} =$

    **A** $\dfrac{1}{3p}$      **B** $\dfrac{2p}{3}$      **C** $\dfrac{-1}{3p}$      **D** $\dfrac{5}{3p}$

**14** Make f the subject of the formula $\dfrac{1}{u} + \dfrac{1}{v} = \dfrac{1}{f}$

    **A** $f = u+v$      **B** $f = \dfrac{u+v}{uv}$      **C** $f = \dfrac{uv}{u+v}$

    **D** $f = \dfrac{uv}{u-v}$

**15** Find x if $3(x-1) - 2(x-2) = 6$

    **A** 4      **B** 5      **C** 6      **D** 13

**16** Find the value of x if $9^x = 27$

    **A** $\frac{1}{2}$      **B** $\frac{3}{2}$      **C** 3      **D** $\log 3$

**17** Integrate $\dfrac{3}{x^2} - 4x$ with respect to x.

    **A** $\dfrac{-1}{x^3} - 4 + K$      **B** $\dfrac{-1}{x^3} - 2x^2 + K$      **C** $\dfrac{-6}{x} - 2x^2 + K$

    **D** $\dfrac{-3}{x} - 2x^2 + K$

**18** Find the median of 6, 9, 15, 8, 7.

    **A** 7      **B** 8      **C** 9      **D** 15

**19** If 4 pennies are tossed, the probability of getting either 4 heads or 4 tails is

    **A** $\frac{1}{256}$      **B** $\frac{1}{16}$      **C** $\frac{1}{8}$      **D** $\frac{1}{4}$

**20** The polar co-ordinates of the point (2, 2) are

    **A** $(\sqrt{2}, 45°)$      **B** $(2, 45°)$      **C** $2\sqrt{2}, 45°)$      **D** $(2\sqrt{2}, 135°)$

## TEST PAPER 3

**1** If 3 gallons of petrol cost £1·08, what will 5 gallons cost?

    **A** £0·65      **B** £1·80      **C** £1·90      **D** £5·40

**2** What would be the cost of £400 $4\frac{1}{2}$ per cent stock at 95?

    **A** £18      **B** £380      **C** £400      **D** £425

**3** If each number is correct to two places of decimals, what is the largest possible value of $1·96 - 0·97$?

    **A** 0·98      **B** 0·99      **C** 1      **D** 1·01

    **E** 1·02

**4** Given $\log_{10}2 = 0·3010$ and $\log_{10}3 = 0·4771$, find $\log_{10}\left(\frac{2}{3}\right)$

    **A** $\bar{1}·8239$      **B** $1·1761$      **C** $0·1761$      **D** $0·8239$

**5** The Geometric Mean of 3 and 27 is

    **A** 9      **B** 15      **C** 30      **D** 81

**6** Express $\frac{1}{7}$ as a decimal fraction, correct to three significant figures.

    **A** 0·014      **B** 0·0143      **C** 0·142      **D** 0·143

**7** x is an acute angle, and tan x° = $\frac{3}{4}$. Find sin(180+x)°

**A** −0·8   **B** −0·6   **C** 0·6   **D** 0·8

**8** Which of the following statements cannot be true?
(i) sin x + 2 cos x = 4
(ii) tan x = 3
(iii) $\sin^2 x = 2 - \cos^2 x$
(iv) $\sin^2 x - 2 = \tan^2 x$

**A** (i) and (ii)   **B** (iii) and (iv)   **C** (i) (ii) and (iv)

**D** (i) (iii) and (iv)   **E** (ii) only

**9**

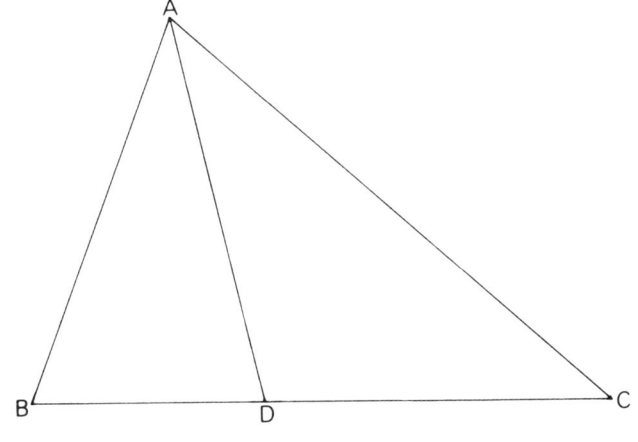

Figure 1

In Figure 1, AB = 6 cm, AC = BC = 10 cm, and angle BAD = angle CAD. Calculate the length of BD.

**A** 3·75 cm   **B** 4 cm   **C** 6 cm   **D** 6·25 cm

**10** If the opposite angles of a quadrilateral are supplementary, the quadrilateral is necessarily

**A** a rectangle   **B** a kite   **C** cyclic   **D** congruent

**11** If y is proportional to the square of x, and $y=12$ when $x=-2$, find the value of y when $x=4$.

    **A** $-48$      **B** $-24$      **C** 24      **D** 48

**12** Solve the equation $x^2+3=4x$

    **A** $-1, -3$      **B** 1, 3      **C** $0, \sqrt{3}$      **D** $0, -\sqrt{3}$

**13** The line $y=mx+4$ is perpendicular to the line $y-3x=1$. What is the value of m?

    **A** $-3$      **B** $-\frac{1}{3}$      **C** $\frac{1}{3}$      **D** 3

**14** The graph of $y=x^3$ is

    **A** symmetrical about the x axis only

    **B** symmetrical about the y axis only

    **C** symmetrical about both axes

    **D** symmetrical about neither axes

**15** If $f(x)=x^3-\frac{1}{x}$, $f(2)=$

    **A** $2\left(x^3-\frac{1}{x}\right)$      **B** $x^3-\frac{1}{x}+2$      **C** 7·5      **D** 8·5

**16** If $2x^3=-54$, $x=$

    **A** $-27$      **B** $-3$      **C** 3      **D** 27

**17** $\int_1^4 (x^2-\sqrt{x})\,dx=$

    **A** $\frac{64-4\sqrt{2}}{3}$      **B** $\frac{47}{3}$      **C** 16      **D** $\frac{49}{3}$

**18** Find the range of the numbers 8, 2, 6, 19, 5.

    **A** 6      **B** 8      **C** 17      **D** 19

**19** The matrix which represents a reflection in the line y=x is

A $\begin{pmatrix} 0 & 1 \\ 1 & 0 \end{pmatrix}$  B $\begin{pmatrix} 1 & 0 \\ 0 & 1 \end{pmatrix}$  C $\begin{pmatrix} 0 & 1 \\ 0 & 0 \end{pmatrix}$  D $\begin{pmatrix} 1 & 0 \\ 0 & 0 \end{pmatrix}$

**20** If X = $\{2, 4, 6, 8, 10, 12\}$ and Y = $\{1, 6, 11\}$, X  Y =

A $\{1, 2, 4, 6, 8, 10, 11, 12\}$  B $\{1, 2, 4, 8, 10, 11, 12\}$

C $\{6\}$  D $\emptyset$

## TEST PAPER 4

**1** $\frac{4}{10} - \left(\frac{1}{100} + \frac{1}{10}\right) =$

A 0·20  B 0·29  C 0·30  D 0·31

E 0·38

**2** $4^{\frac{3}{2}} \times 2^2 =$

A 24  B 32  C 64  D 256

**3** What is 15 per cent of £28?

A £2·10  B £2·80  C £4·20  D £7

**4** A circle has a circumference of 88 mm. The diameter is

A 14 mm  B 21 mm  C 28 mm  D 30 mm

**5** A railway fare of 80p is increased by $7\frac{1}{2}$ per cent. What is the revised fare?

A 74p  B 84p  C 86p  D 96p

**6** $+\sqrt{((-4)^4)} =$

A −64  B −16  C 16  D 64

**7** $\tan \dfrac{5\pi}{4} =$

   **A** $-1$     **B** $-\frac{1}{2}$     **C** $\frac{1}{2}$     **D** 1

**8** If x is acute, and $\tan x = \frac{3}{4}$, evaluate $(\sin x + \cos x)$

   **A** $\frac{1}{5}$     **B** $\frac{3}{4}$     **C** 1     **D** $\frac{4}{3}$

   **E** $\frac{7}{5}$

**9**

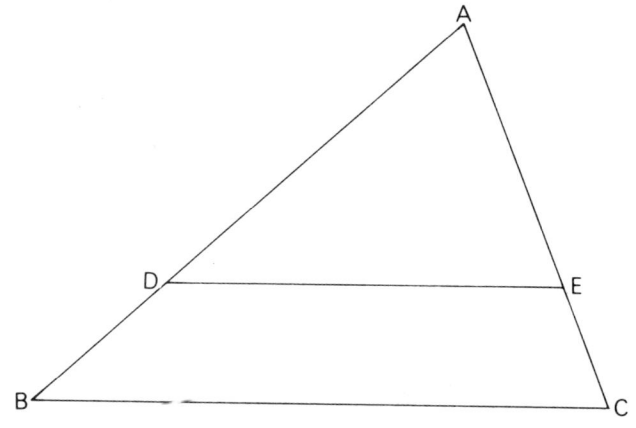

Figure 1

In Figure 1, DE is parallel to BC, AD=AC=8 cm, AB=12 cm. Calculate EC.

   **A** $2\frac{2}{3}$ cm     **B** 3 cm     **C** 4 cm     **D** $5\frac{1}{3}$ cm

**10**

Figure 2

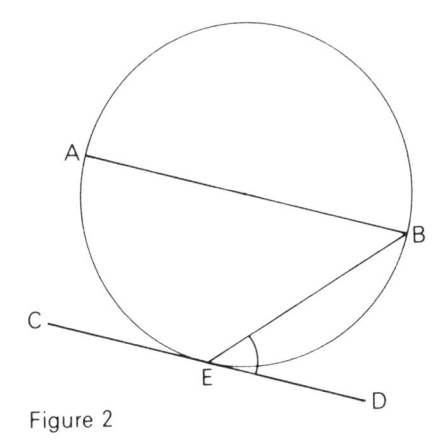

In Figure 2, CD is a tangent to the circle at E. AB is a diameter parellel to CD. Angle BED is

**A** 30°  **B** 45°  **C** 60°

**D** cannot be calculated

**11** $3x + 3(x-y) - 2x + y =$

  **A** $4x - 2y$  **B** $4x - 4y$  **C** $2x - 2y$  **D** $4x + 4y$

**12** $8y^4 \div 2y^{-3} =$

  **A** $-4y$  **B** $-4y^7$  **C** $4y^7$  **D** $16y^7$

**13** The factors of $8 - 3xy - 2x + 12y$ are

  **A** $(4+x)(2-3y)$  **B** $(4-x)(2+3y)$  **C** $(8-x)(1-3y)$

  **D** $(8+3y)(1-x)$

**14** $\dfrac{5}{y-3} - \dfrac{2}{3-y} =$

  **A** $\dfrac{3}{y-3}$  **B** $\dfrac{3}{3-y}$  **C** $\dfrac{21}{(y-3)^2}$  **D** $\dfrac{7}{y-3}$

**15** If $4x^2 - 20x + m^2$ is a perfect square, $m =$

  **A** $+5$ only  **B** $-5$ only  **C** $\pm 5$  **D** $25$

**16** The lines $y + 1 = 3x$ and $2y = 6x - 7$ are

  **A** parallel

  **B** identical

  **C** at right angles to each other

  **D** at an angle of $45°$ to each other

**17** Find the maximum value of the function $x^2 + 3x - 7$

  **A** $-9\tfrac{1}{4}$  **B** $-1\tfrac{1}{2}$  **C** $0$  **D** it has no maximum value

**18** 20 per cent of a large batch of eggs were bad. If two eggs were picked at random from the batch, what is the probability that at least one was bad?

  **A** $\tfrac{4}{25}$  **B** $\tfrac{8}{25}$  **C** $\tfrac{9}{25}$  **D** $\tfrac{16}{25}$

**19** If $f \equiv x^3 - x + 1$, $f(-3) =$

  **A** $-3(x^3 - x + 1)$  **B** $-29$  **C** $-23$  **D** $31$

**20** $\begin{pmatrix} 3 & 1 \\ 2 & 3 \end{pmatrix} \begin{pmatrix} 2 & 3 \\ 1 & 4 \end{pmatrix} =$

  **A** $\begin{pmatrix} 8 & 15 \\ 9 & 14 \end{pmatrix}$  **B** $\begin{pmatrix} 7 & 13 \\ 7 & 18 \end{pmatrix}$  **C** $\begin{pmatrix} 6 & 9 \\ 2 & 12 \end{pmatrix}$  **D** $\begin{pmatrix} 5 & 4 \\ 3 & 7 \end{pmatrix}$

## TEST PAPER 5

1. A circle has an area of approximately 620 cm². Its radius is approximately

   **A** 7 cm  **B** 14 cm  **C** 21 cm  **D** 28 cm

2. A record turns at 45 revolutions per minute. Through what angle does a radius turn in one second?

   **A** 45°  **B** 135°  **C** 198°  **D** 270°

3. The product of $(27)^{\frac{1}{3}}$ and $(8)^{\frac{2}{3}}$ is

   **A** 12  **B** 24  **C** 36  **D** 48

   **E** 72

4. How many square millimetres in 1 cm²?

   **A** 10  **B** $10^2$  **C** $10^3$  **D** $10^4$

5. Calculate 23 per cent of 1 m 264 mm, correct to the nearest mm.

   **A** 290 mm  **B** 291 mm  **C** 404 mm  **D** 405 mm

6. How many minutes from 11.30 hrs to 13.20 hrs.?

   **A** 50  **B** 110  **C** 130  **D** 190

7. Evaluate $\sin^2 15° - 2 + \cos^2 15°$

   **A** $-1$  **B** $2\sqrt{3}-2$  **C** 0  **D** 1

**8**

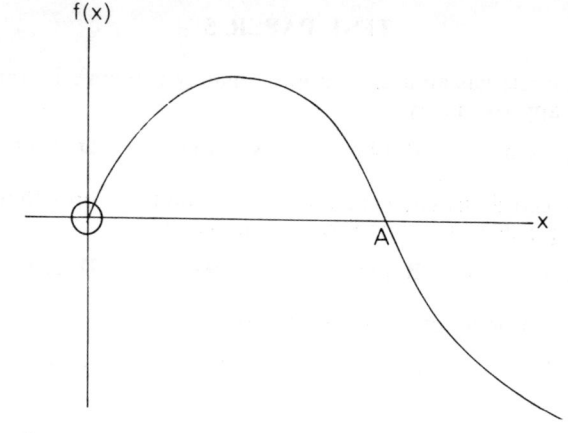

[Figure 1: sketch of f(x) curve crossing x-axis at origin and at point A, with maximum between]

Figure 1

Figure 1 is a sketch of f(x)=sin 4x. The value of x at the point A is

**A** $\frac{\pi}{4}$  **B** $\pi$  **C** $2\pi$  **D** $4\pi$

**9** The interior angles of a regular polygon total 12 right angles. The polygon is

**A** a square  **B** a pentagon  **C** a hexagon  **D** an octagon

**10** The number of common tangents that can be drawn to two intersecting circles is

**A** 0  **B** 1  **C** 2  **D** 4

**11** Solve the simultaneous equations 3x=y+3, 2x+y=7.

**A** (3, 2)  **B** (2, 3)  **C** (0, −3)  **D** (0, 7)

**12** If a=3, b=4 and c=5, a²b½c=

**A** 30  **B** 60  **C** 90  **D** 18√5

**13** If y varies inversely as the square of x, and y=12 when x=½, find y when x=2.

**A** ¾  **B** 3  **C** 48  **D** 192

14. Calculate possible values of x if $\log_{10}x + \log_{10}(x+3) = 1$.

    **A** 2, −5    **B** 0, −3    **C** 0, 3    **D** no values

15. Simplify $(16x^8)^{\frac{3}{4}}$

    **A** $12x^6$    **B** $8x^6$    **C** $16x^{\frac{35}{4}}$    **D** $(16x)^{\frac{35}{4}}$

16. Factorise $8x^2 - 162y^2$

    **A** $(4x-9y)(4x+9y)$    **B** $2(2x-9y)^2$

    **C** $2(2x+9y)^2$    **D** $2(2x-9y)(2x+9y)$

    **E** $8(x-40y)(x+40y)$

17.

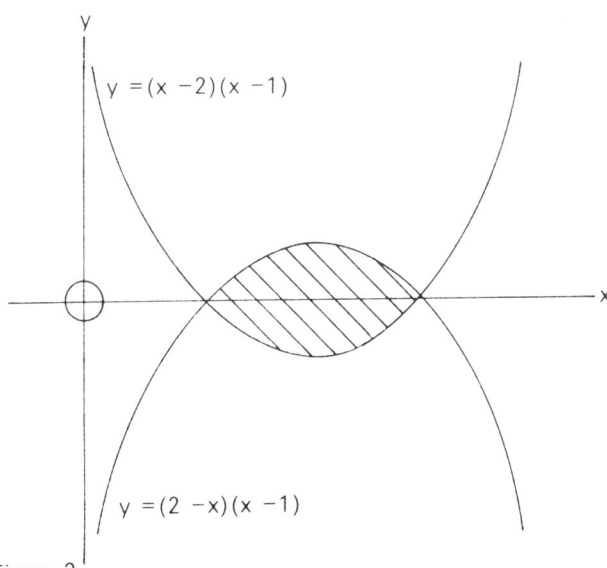

Figure 2

Evaluate the area of the shaded region in Figure 1.

**A** $-\frac{1}{6}$    **B** 0    **C** $\frac{1}{6}$    **D** $\frac{1}{3}$

**18** In a certain town 30 per cent of the houses had less than three bedrooms, 65 per cent had three to five bedrooms, and 5 per cent had more than five bedrooms. If this information were represented on a Pie Chart, what would be the angle of the sector representing "three to five bedrooms"?

**A** 65°  **B** 108°  **C** 234°  **D** 240°

**19** Evaluate the determinant of the matrix $\begin{pmatrix} 8 & 3 \\ 5 & 2 \end{pmatrix}$

**A** −1  **B** 1  **C** 14  **D** 18

**20** A man, his wife and his son sit at random round a circular table. What is the probability that the man is sitting next to his son?

**A** 0  **B** $\frac{1}{3}$  **C** $\frac{1}{2}$  **D** 1


# TEST PAPER 6

**1** Evaluate $\sqrt{(36+64)}$

**A** 6  **B** 8  **C** 10  **D** 14

**2** What number, when decreased by 10 per cent, becomes 162?

**A** 146  **B** 178  **C** 180  **D** 182

**3** Divide 19 by 6, giving the answer to three significant figures.

**A** 3·16  **B** 3·167  **C** 3·17  **D** 6·33

**4** A rectangle has an area of 60 m², and is 12 m long. Find the length of a diagonal.

**A** 5 m  **B** 12 m  **C** 13 m  **D** 12$\sqrt{2}$ m

**5** Given $\log_{10}3 = 0.4771$ and $\log_{10}5 = 0.6990$, find $\log_{10}0.75$

**A** $\bar{1}\cdot8751$  **B** 0·8751  **C** 1·1875  **D** 0·1875

**6** Two circles have radii of 9 cm and 22·5 cm respectively. The ratio of their areas is

   **A** 2 : 5     **B** 1 : 2     **C** 9 : 25     **D** 4 : 25

**7**

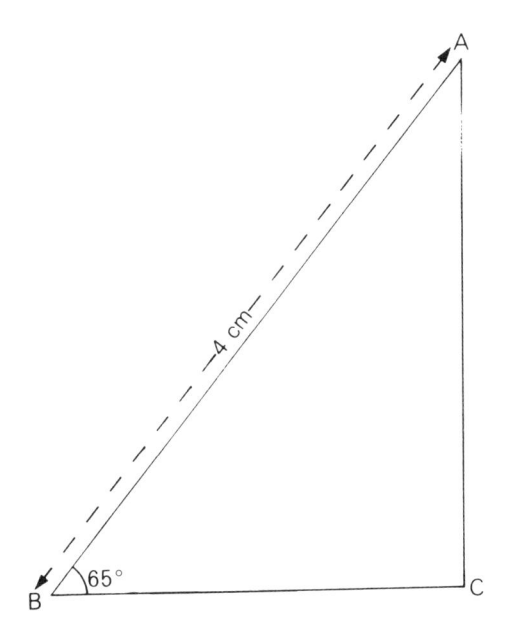

Figure 1

In Figure 1, BC =

   **A** $4 \sin 65°$   **B** $4 \cos 65°$   **C** $\dfrac{4}{\cos 65°}$   **D** $4(1 - \tan 35°)$

**8** If A, B and C are the angles of a triangle, measured in degrees, which of the following statements are false?

  (i)  $A + B + C = 180°$
  (ii)  $\sin(A + B + C) = 0$
  (iii)  $\sin(A + B) = \sin C$

   **A** (i)     **B** (ii)     **C** (iii)     **D** none

**9** The point of intersection of the perpendicular bisectors of the sides of a triangle is the centre of

**A** the circumcircle

**B** the inscribed circle

**C** an escribed circle

**D** none of these

**10** Which of the following figures necessarily has a diagonal as an axis of symmetry?
  (i) a rectangle
  (ii) a regular pentagon
  (iii) a parallelogram
  (iv) a regular hexagon

**A** (i) and (iii)  **B** (ii) and (iv)  **C** (iii) only  **D** (iv) only

**11** Factorise $x^3 - y^3$

**A** $(x-y)(x+y)$  **B** $(x-y)(x^2+y^2)$  **C** $(x-y)(x^2+xy+y^2)$

**D** $(x+y)(x^2-xy-y^2)$  **E** $(x^2-y^2)(x+y)$

**12** The co-ordinates of the ends of a diameter of a circle are $(-4, 6)$ and $(2, -2)$ respectively. The co-ordinates of the centre are

**A** $(4, -3)$  **B** $(-1, 2)$  **C** $(-2, 1)$  **D** $(2, 4)$

**13** The gradient of the line $4y - 6x + 1 = 0$ is

**A** 1·5  **B** 3  **C** 4  **D** 6

**14** If $4x^2 + 49 = 28x$, $x =$

**A** $\pm 7$  **B** $\pm 3·5$  **C** 3·5  **D** 7

**15** The equation of the line passing through the origin and through the point $(-2, 4)$ is

**A** $y - 2x = 0$  **B** $2y - x = 0$  **C** $2y + x = 0$  **D** $y + 2x = 0$

**E** $y - 2x = 4$

**16** The first term of an A.P. is 6, and the common difference is 4. The sixth term is

    **A** 22      **B** 26      **C** 30      **D** 34

**17** $\int_{1}^{4} 2x^{-\frac{1}{2}} dx =$

    **A** $-7$      **B** $-4$      **C** 1      **D** 4

**18** The arithmetic mean of six numbers is 10. Five of the numbers are 8, 6, 7, 9, 12. The sixth number is

    **A** 8      **B** 10      **C** 18      **D** 42

**19** If A is the set of parallelograms, B the set of rhombuses, C the set of squares, and D the set of rectangles, which of the following statement(s) is/are false?
(i) $C \subset B$    (ii) $D \subset A$    (iii) $C \subset A$    (iv) $B \cup D = A$

    **A** (i) only    **B** (ii) and (iii)    **C** (ii) and (iv)    **D** (iv) and (i)

**20** The octal number 24, when written in scale 5, is

    **A** 34      **B** 40      **C** 42      **D** 44

## TEST PAPER 7

**1** The edge of a cube is 10 cm, to the nearest cm. Find correct to two significant figures the largest possible value of the volume.

    **A** 1000 cm³    **B** 1100 cm³    **C** 1157·63 cm³    **D** 1200 cm³

**2** If two-thirds of a number is 64, what is three-quarters of the number?

    **A** 24      **B** 48      **C** 72      **D** 96

**3** A car travels 30 km at 60 km/h and 30 km at 90 km/h. What is the average speed for the journey?

    **A** 50 km/h    **B** 72 km/h    **C** 75 km/h    **D** 80 km/h

**4** A pyramid has a square base, the diagonal of which is d cm long. The vertical height is h cm. The volume is

    **A** $\dfrac{d^2 h}{6}$ cm³    **B** $\dfrac{d^2 h}{3}$ cm³    **C** $d^2 h$ cm³    **D** $2d^2 h$ cm³

**5** Multiply 0·04 by 0·0162, giving the answer in Standard Form.

**A** $6.48 \times 10^{-5}$  **B** $6.48 \times 10^{-4}$  **C** $6.48 \times 10^{-3}$  **D** $6.48 \times 10^{3}$

**6** The reciprocal of 0·04 is

**A** 0·0016    **B** 25    **C** 40    **D** 250

**7** If x is an acute angle, which of the following expressions is equal to cos x?

**A** $\cos(180-x)°$    **B** $\cos(180+x)°$    **C** $\sin(90-x)°$
**D** $\sin(180-x)°$

**8** tan 330° =

**A** $-\sqrt{3}$    **B** $\dfrac{-1}{\sqrt{3}}$    **C** $+\sqrt{3}$    **D** $\dfrac{+1}{\sqrt{3}}$

**9**

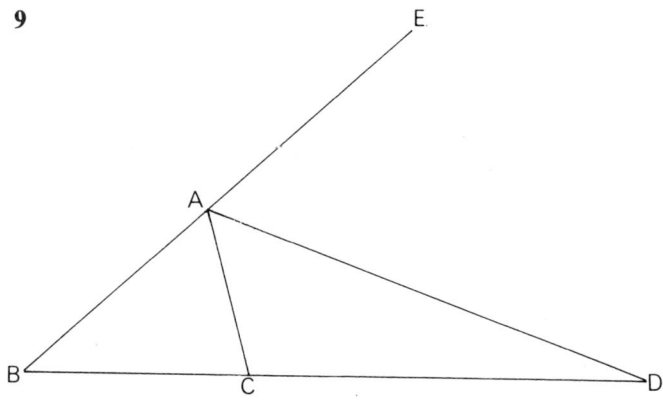

Figure 1

In Figure 1, angle EAD = angle CAD, BA = BC = 8 cm, and AC = 4 cm. Calculate CD

**A** 2 cm    **B** 4 cm    **C** 6 cm    **D** 7 cm
**E** 8 cm

**10** A is 1 km from C and 2 km from B. The bearing of C from B is 180°. The bearing of C from A is 90°. What is the bearing of A from B?

    **A** 0°      **B** 30°      **C** 60°      **D** 210°

    **E** 240°

**11** If $x = \frac{2}{3}.y^{\frac{1}{2}}$, calculate y when x=4

    **A** $\pm\sqrt{6}$      **B** $-36$      **C** $+36$      **D** $\pm 36$

**12** Factorise $2x^2y - 4xy^2$

    **A** $2xy(x-y)$      **B** $2xy(x-2y)$      **C** $2y(x-y)(x+y)$

    **D** $2x^2y(1-2y)$

**13** If $x = \frac{1}{y} + \frac{1}{z}$, express y in terms of x and z.

    **A** $\frac{z}{xz-1}$      **B** $\frac{xz-1}{z}$      **C** $x-z$      **D** $\frac{1}{x}-z$

**14** The product of two numbers is 15, and their sum is 8. The larger number is

    **A** 1      **B** 3      **C** 5      **D** 6

**15** If y varies as the cube of x, and y=16 when x=2, the expression connecting x and y is

    **A** $x^3y=128$      **B** $y=2x^3$      **C** $y=8x^3$      **D** $y=8x$

**16** What is the remainder when $(x^3 - 2x - 3)$ is divided by $(x-3)$?

    **A** $-1$      **B** 0      **C** 3      **D** 18

**17** If $y = 3x^2 + 2 - \frac{1}{3x^2}$, evaluate $\frac{d^2y}{dx^2}$ when x=2.

    **A** $-\frac{1}{8}$      **B** $5\frac{7}{8}$      **C** $6\frac{1}{8}$      **D** $7\frac{7}{8}$

**18** The mode of the numbers 2, 4, 1, 3, 2, 4, 1, 4, 5 is

    **A** $2\frac{8}{9}$      **B** 3      **C** 4      **D** 26

**19** If A is the angle between the line 2y+3x=4, and the positive x axis, cos A=

$\quad$ **A** $\dfrac{-2}{\sqrt{13}}$ $\qquad$ **B** $-\dfrac{2}{3}$ $\qquad$ **C** $\dfrac{2}{3}$ $\qquad$ **D** $\dfrac{+2}{\sqrt{13}}$

**20** The point (2, −5) is reflected in the y axis and then in the x axis. Where is its final image?

$\quad$ **A** (−5, 2) $\qquad$ **B** (−2, 5) $\qquad$ **C** (5, −2) $\qquad$ **D** (2, −5)


## TEST PAPER 8

**1** What is twice the positive square root of 64?

$\quad$ **A** 8 $\qquad$ **B** 16 $\qquad$ **C** 32 $\qquad$ **D** 64

**2** Correct to one place of decimals, the number 14·747 is

$\quad$ **A** 10 $\qquad$ **B** 14·7 $\qquad$ **C** 14·75 $\qquad$ **D** 14·8

**3** Through what angle does the hour hand of a clock rotate between 10.30 hrs and 14.00 hrs?

$\quad$ **A** $17\frac{1}{2}°$ $\qquad$ **B** 75° $\qquad$ **C** 105° $\qquad$ **D** 1260°

**4** The first two terms of a G.P. are 8 and 24. What is the fourth term?

$\quad$ **A** 3 $\qquad$ **B** 56 $\qquad$ **C** 72 $\qquad$ **D** 216

**5** A man was allowed 15 per cent discount off an account, and paid £23·80. What was the original total of the account?

$\quad$ **A** £27·37 $\qquad$ **B** £28·00 $\qquad$ **C** £28·15 $\qquad$ **D** £29·00

**6** Given $\log_{10}2=0\cdot3010$ and $\log_{10}3=0\cdot4771$, find $\log_{10}\sqrt{(0\cdot6)}$

$\quad$ **A** $\bar{1}\cdot8890$ $\qquad$ **B** $\bar{1}\cdot3890$ $\qquad$ **C** $\bar{1}\cdot5562$ $\qquad$ **D** $0\cdot3890$

**7** If x is acute and tan $x = \frac{5}{12}$, cos $(180+x)° =$

  **A** $\frac{-12}{13}$  **B** $\frac{-7}{12}$  **C** $\frac{7}{12}$  **D** $\frac{12}{13}$

  **E** $\frac{13}{12}$

**8** $\sin \frac{7\pi}{6} =$

  **A** $\frac{1}{-2}$  **B** $\frac{-1}{\sqrt{2}}$  **C** $\frac{1}{2}$  **D** $\frac{\sqrt{3}}{2}$

**9**

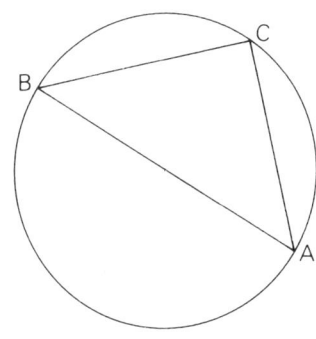

Figure 1

In Figure 1, AB is a diameter of the circle, of length 7·5 cm. BC=4·5 cm. Calculate the length of AC.

  **A** 4 cm  **B** 4·5 cm  **C** 5 cm  **D** 6 cm

**10** A cuboid measures 3 cm by 4 cm by 5 cm. Find the length of a diagonal.

  **A** $2\sqrt{5}$ cm  **B** 6 cm  **C** $5\sqrt{2}$ cm  **D** 10 cm

**11** If $\log_{10} x = 2$, $x =$

    **A** 10     **B** 20     **C** 100     **D** $2^{10}$

**12** To solve the equation $y = x^3 - x - 1$ the graph of $y = x^3$ is drawn, also a straight line. What is the equation of the line?

    **A** $y = -x - 1$   **B** $y = x + 1$     **C** $y = x$     **D** $y + x = 0$

**13** The graph of $y = x^2 + x + 1$ will cut the x axis at

    **A** not at all   **B** one point   **C** two points   **D** three points

**14** If $4x + 2y = 8$ and $3x - y = 11$, $2x + 4y =$

    **A** $-8$     **B** $-2$     **C** 0     **D** 2

    **E** 8

**15** Solve the equation $6x^2 - 13x + 6 = 0$

    **A** $\dfrac{-2}{3}, \dfrac{-3}{2}$   **B** $\dfrac{2}{3}, \dfrac{3}{2}$   **C** $\pm \dfrac{6}{13}$   **D** $\dfrac{1}{6}, 6$

**16** Factorise $9(x+y)^2 - 4(x-y)^2$

    **A** $(13x + 5y)(13y + 5x)$   **B** $5(x+y)(x-y)$   **C** $20xy$

    **D** $(5x + y)(x + 5y)$

**17** Find the value of x which makes $x^3 - x + 1$ a minimum.

    **A** $\dfrac{-1}{\sqrt{3}}$   **B** $\dfrac{+1}{\sqrt{3}}$   **C** $\dfrac{2}{3\sqrt{3}} + 1$   **D** $1 - \dfrac{2}{3\sqrt{3}}$

**18** The length of some rods was measured, with the following results:

    Length of rods (cm)   Frequency
           10 – 11              8
           11 – 13           20
           13 – 15           14

The information was represented on a Histogram. The height of the bar for "10 – 11 cm" was 4 cm. What was the height of the bar for "11 – 13 cm"?

    **A** $3\tfrac{1}{3}$ cm     **B** 5 cm     **C** 10 cm     **D** 20 cm

**19** The inverse of the matrix $\begin{pmatrix} 2 & 5 \\ 1 & 3 \end{pmatrix}$ is

**A** $\begin{pmatrix} -2 & 1 \\ 5 & -3 \end{pmatrix}$ **B** $\begin{pmatrix} 3 & -1 \\ -5 & 2 \end{pmatrix}$ **C** $\begin{pmatrix} 3 & -5 \\ -1 & 2 \end{pmatrix}$

**D** $\begin{pmatrix} -2 & 1 \\ 5 & -3 \end{pmatrix}$

**20** Express the denary number 23·5 in the binary scale.

**A** 100111·1 **B** 10111·1 **C** 10111·111 **D** 11011·111

# ANSWERS

| Question No. | Arithmetic | Algebra | Geometry | Trigonometry | Calculus | Statistics | Modern Maths. |
|---|---|---|---|---|---|---|---|
| 1 | E | A | C | C | A | C | A |
| 2 | B | D | B | D | C | A | D |
| 3 | C | C | C | E | B | B | C |
| 4 | C | C | B | A | C | A | D |
| 5 | C | D | C | C | D | C | B |
| 6 | A | A | C | A | D | B | A |
| 7 | D | B | B | B | A | B | D |
| 8 | A | B | D | D | D | C | C |
| 9 | C | B | A | B | B | B | B |
| 10 | D | C | C | A | C | A | D |
| 11 | A | D | D | C | A | D | C |
| 12 | A | A | B | B | B | A | C |
| 13 | B | D | B | A | A | B | A |
| 14 | C | C | C | C | A | A | A |
| 15 | C | B | A | B | B | D | D |
| 16 | C | B | A | B | C | B | E |
| 17 | C | C | D | D | B | C | C |
| 18 | A | C | B | A | C | A | B |
| 19 | D | A | C | A | D | C | C |
| 20 | C | D | D | D | D | A | D |

## ANSWERS

| Question No. | Arithmetic | Algebra | Geometry | Trigonometry | Calculus | Statistics | Modern Maths. |
|---|---|---|---|---|---|---|---|
| 21 | B | B | C | B | B | D | B |
| 22 | D | B | B | A | D | D | A |
| 23 | B | C | C | A | E | A | D |
| 24 | C | D | D | C | D | B | B |
| 25 | C | C | B | B | C | A | D |
| 26 | B | B | C | D | B | A | C |
| 27 | A | A | E | B | D | D | D |
| 28 | C | B | A | A | A | B | B |
| 29 | D | A | C | A | C | C | A |
| 30 | C | C | A | D | C | A | B |
| 31 | D | D | B | A | B | C | C |
| 32 | C | C | A | B | A | B | B |
| 33 | B | B | A | D | A | A | E |
| 34 | A | C | B | B | B | B | A |
| 35 | B | B | C | B | C | A | D |
| 36 | B | E | D | B | C | D | A |
| 37 | E | A | B | A | B | C | C |
| 38 | B | D | A | C | B | C | D |
| 39 | D | A | C | D | D | B | B |
| 40 | B | A | C | B | D | B | A |

# ANSWERS

| Question No. | Arithmetic | Algebra | Geometry | Trigonometry | Calculus | Statistics | Modern Maths. |
|---|---|---|---|---|---|---|---|
| 41 | A | B | A | A | D | E | C |
| 42 | D | D | B | A | C | A | A |
| 43 | B | E | B | A | C | D | E |
| 44 | A | C | A | C | A | A | D |
| 45 | A | D | C | B | A | C | C |
| 46 | C | B | B | C | B | B | B |
| 47 | B | A | C | C | C | C | B |
| 48 | C | C | D | D | D | B | D |
| 49 | C | B | A | A | C | D | C |
| 50 | C | A | D | B | B | C | D |
| 51 | A | B | D | B |   |   | A |
| 52 | C | C | C | D |   |   | A |
| 53 | B | C | A | D |   |   | C |
| 54 | D | D | A | C |   |   | D |
| 55 | B | B | B | D |   |   | C |
| 56 | C | A | C | C |   |   | B |
| 57 | B | C | B | A |   |   | A |
| 58 | B | C | B | B |   |   | B |
| 59 | A | C | D | C |   |   | D |
| 60 | D | D | C | C |   |   | C |

## ANSWERS

| Question No. | Arithmetic | Algebra | Geometry | Trigonometry | Modern Maths. |
|---|---|---|---|---|---|
| 61 | D | B | C | A | C |
| 62 | D | B | B | C | D |
| 63 | B | A | C | A | A |
| 64 | C | D | C | C | D |
| 65 | D | A | B | D | B |
| 66 | A | C | C | E | A |
| 67 | A | A | B | B | E |
| 68 | C | C | A | A | C |
| 69 | B | B | C | B | A |
| 70 | B | B | D | D | B |
| 71 | A | D | C | A | A |
| 72 | D | A | B | A | C |
| 73 | A | D | B | B | C |
| 74 | C | D | D | C | B |
| 75 | B | A | B | B | C |
| 76 | C | C | C | C | D |
| 77 | A | B | B | D | A |
| 78 | B | C | A | A | C |
| 79 | B | D | A | A | C |
| 80 | A | C | C | D | B |

# ANSWERS

| Question No. | Arithmetic | Algebra | Modern Maths. |
| --- | --- | --- | --- |
| 81 | D | A | C |
| 82 | B | D | C |
| 83 | C | C | B |
| 84 | B | B | A |
| 85 | A | C | B |
| 86 | B | A | D |
| 87 | C | D | A |
| 88 | C | B | D |
| 89 | D | A | A |
| 90 | E | A | C |
| 91 | C | B | C |
| 92 | A | C | B |
| 93 | B | C | A |
| 94 | A | A | A |
| 95 | D | B | D |
| 96 | C | D | B |
| 97 | C | C | D |
| 98 | C | C | C |
| 99 | D | B | B |
| 100 | C | D | A |

# ANSWERS

| Question No. | Arithmetic | Algebra | Question No. | Arithmetic | Algebra |
|---|---|---|---|---|---|
| 101 | A | D | 121 | C | A |
| 102 | B | B | 122 | D | A |
| 103 | B | A | 123 | C | B |
| 104 | C | A | 124 | C | C |
| 105 | D | B | 125 | C | A |
| 106 | D | D | 126 | A | D |
| 107 | B | B | 127 | A | B |
| 108 | A | D | 128 | B | A |
| 109 | B | E | 129 | A | B |
| 110 | B | A | 130 | D | B |
| 111 | A | C | 131 | C | A |
| 112 | D | B | 132 | C | C |
| 113 | C | C | 133 | A | D |
| 114 | D | A | 134 | A | D |
| 115 | B | C | 135 | B | E |
| 116 | B | C | 136 | C | D |
| 117 | A | D | 137 | B | B |
| 118 | C | B | 138 | C | A |
| 119 | D | B | 139 | B | C |
| 120 | B | A | 140 | B | B |

# ANSWERS

| Question No. | Arithmetic | Algebra | Question No. | Arithmetic | Algebra |
|---|---|---|---|---|---|
| 141 | D | D | 161 | C | A |
| 142 | D | A | 162 | D | C |
| 143 | A | C | 163 | A | D |
| 144 | D | A | 164 | B | D |
| 145 | B | B | 165 | C | A |
| 146 | C | C | 166 | D | C |
| 147 | B | C | 167 | C | C |
| 148 | D | C | 168 | B | A |
| 149 | D | A | 169 | C | B |
| 150 | C | E | 170 | C | A |
| 151 | D | D | 171 | A | C |
| 152 | B | B | 172 | E | B |
| 153 | A | A | 173 | B | D |
| 154 | B | B | 174 | D | B |
| 155 | B | C | 175 | B | C |
| 156 | C | A | 176 |   | C |
| 157 | A | D | 177 |   | D |
| 158 | B | B | 178 |   | B |
| 159 | B | B | 179 |   | C |
| 160 | B | A | 180 |   | C |

## ANSWERS

| Question No. | Algebra |
|---|---|
| 181 | D |
| 182 | B |
| 183 | B |
| 184 | A |
| 185 | D |
| 186 | C |
| 187 | C |
| 188 | B |
| 189 | B |
| 190 | C |
| 191 | A |
| 192 | B |
| 193 | D |
| 194 | B |
| 195 | A |
| 196 | C |
| 197 | A |
| 198 | C |
| 199 | C |
| 200 | A |

## ANSWERS—TEST PAPERS

TEST PAPER No.

|   | 1 | 2 | 3 | 4 | 5 | 6 | 7 | 8 |
|---|---|---|---|---|---|---|---|---|
| 1 | A | D | B | B | B | C | D | B |
| 2 | C | E | B | B | D | C | C | B |
| 3 | B | C | C | C | A | C | B | C |
| 4 | C | A | A | C | B | C | A | D |
| 5 | D | A | A | C | B | A | B | B |
| 6 | A | C | D | C | B | D | B | A |
| 7 | D | A | B | D | A | B | C | A |
| 8 | A | B | D | E | A | D | B | A |
| 9 | B | C | A | A | D | A | E | D |
| 10 | D | C | C | B | C | D | D | C |
| 11 | B | A | D | A | B | C | C | C |
| 12 | C | C | B | C | C | B | B | B |
| 13 | C | A | B | B | A | A | A | A |
| 14 | B | C | D | D | A | C | C | B |
| 15 | D | B | C | C | B | D | B | B |
| 16 | A | B | B | A | D | B | D | D |
| 17 | A | D | D | D | D | D | B | B |
| 18 | D | B | C | C | C | C | C | B |
| 19 | B | C | A | C | B | D | A | C |
| 20 | B | C | C | B | D | B | B | B |

QUESTION No.

# NOTES

# NOTES

# NOTES

# NOTES

# CELTIC REVISION AIDS

An extensive range of study and revision material which may be used by students while preparing for a wide range of examinations. The material is designed such that the student can use it on his own and requires no supervision or guidance. It can be used equally well in a classroom or in the student's own home. The material can be used as part of a programmed revision course or as a last minute brush-up' on essential facts and examination techniques.

Series available are:

**Model Answers** A series aimed at GCE O Level, CSE, RSA and 16+ level examinations. Typical examination questions are presented and suggested answers are given. This series helps the student to remember essential facts and the best methods of presenting them in examination conditions.

Subjects covered in this series are: Julius Caesar, Macbeth, Romeo and Juliet, The Merchant of Venice, Essay Writing, Precis Writing Mathematics, Physics, Chemistry, Biology, Human Biology, Commerce, Economics, and British Isles Geography.

**Worked Examples** A series with the same basis as the Model Answer series, but aimed at the GCE A Level and similar examinations. Subjects covered in this series are: Pure Mathematics, Applied Mathematics, Chemistry, Physics, Biology, Economics, Sociology, British History, and European History.

**Multiple Choice O Level** Multiple choice questions are a very important part of the examination requirements for GCE O Level and CSE. This series provides batteries of common questions and is also a very good way of revising essential facts. Subjects covered in this series are: English, French, Mathematics, Modern Mathematics, Chemistry, Physics, Biology, Human Biology, Commerce, Economics, and British Isles Geography.

**Multiple Choice A Level** Objective tests are now an important part of most A Level examinations. This series presents batteries of common questions and is also an excellent way of revising essential facts. Subjects covered in this series are: Pure Mathematics, Applied Mathematics, Chemistry, Physics, and Biology.

**Test Yourself** A series of pocket books designed for the revision of essential facts whenever the student has a free moment. Subjects covered in this series are: English, Language, French, German, Commerce, Economics, Mathematics, Modern Mathematics, Chemistry, Physics, Biology, and Human Biology.

Celtic Revision Aids can make the difference between passing or failing your examination.